PRZESŁANIE
KRZYŻA

PRZESŁANIE KRZYŻA

Pastor Dr Jaerock Lee

PRZESŁANIE KRZYŻA autorstwa doktora Jaerocka Lee
Opublikowano przez Urim Books (President, Seongkeon Vin)
235-3, Guro-dong3, Guro-gu, Seul, Republika Korei
www.urimbooks.com

Żadna część niniejszej publikacji nie może być reprodukowana, przechowywana jako źródło danych i przekazywana w jakiejkolwiek formie zapisu bez pisemnej zgody wydawcy.

O ile nie zaznaczono inaczej, wszelkie cytaty pochodzą z Biblii Warszawskiej, ®, Copyright Lockman Foundation © 1960, 1962, 1963, 1968, 1971, 1972, 1973, 1975, 1977, 1995.

Prawa autorskie © 2012 Dr Jaerock Lee
ISBN, 978-89-7557-643-0
Prawa autorskie tłumacza © 2011 Dr. Esther Chung. Wykorzystane za zgodą.

Uprzednio opublikowane w języku koreańskim przez wydawnictwo Urim Books w 2002

Data pierwszej publikacji: Lipcu 2012

Edycja, dr Geumsun Vin
Tłumacza, Mariola Waliczek
Projekt, Editorial Bureau, Urim Books
Wydrukowano przez Yewon Printing Company
Więcej informacji można uzyskać pod adresem mailowym, urimbook@hotmail.com

PRZEDMOWA

Pragnę, aby dzięki tej książce, każdy czytelnik umacniał się w wierze i lepiej poznał pełne miłości zamiary Pana. Ostatecznie, to dzięki błogosławieństwu Boga Ojca zdołałem opublikować tę książkę, za co dziękuję Mu i wielbię Go z całego serca! Wielu ludzi twierdzących, że wierzy w Boga Stwórcę i świadomych miłości jego Syna potrafi głosić ewangelię z prawdziwym przekonaniem. Boską opatrzność i miłość rozumie zaledwie garstka chrześcijan. Pozostali oddalili się od Boga z powodu niedostatecznego zrozumienia boskiej tajemnicy lub braku odpowiedzi na nurtujące ich pytania. Na przykład, jakiej odpowiedzi udzielilibyśmy, gdyby postawiono nam niniejsze trzy pytania: „Dlaczego Bóg pozwolił człowiekowi zjeść owoc z drzewa poznania dobra i zła?", „Po co Bóg stworzył piekło, a później dla grzeszników złożył w ofierze swojego syna Jezusa Chrystusa?" i „Dlaczego Jezus jest jedynym zbawicielem?"

Przez kilkanaście pierwszych lat mojego chrześcijańskiego życia nie byłem w stanie pojąć ani tajemnic dzieł Boskich, ani tych, które kryje w sobie krzyż. Później, gdy zostałem ordynowany na pastora zacząłem zadawać sobie pytanie: „Jak mogę wskazać niezliczonym zastępom ludzi ścieżkę do zbawienia i chwały Pana?" W głowie pojawiła mi się myśl, że zrozumienie sensu wszystkich słów biblijnych łącznie z trudno zrozumiałym fragmentami i późniejsze głoszenie ich na całym świecie, są kluczem do osiągnięcia celu. Bóg zaczął wyjawiać mi swe tajemnice dopiero po siedmiu latach pełnych modlitw i postów.

W 1985 roku podczas żarliwej modlitwy zstąpił na mnie Duch Święty, który objaśnił mi znaczenie słów Bożych. Tak powstało „Przesłanie krzyża", które przez 21 tygodni głosiłem podczas każdego niedzielnego nabożeństwa porannego. Ogromny wpływ na ludzi zarówno w moim rodzimym kraju, jak i zagranicą wywarły nagrania magnetofonowe „Nauk z Krzyża". Tam gdzie je głoszono, dzieła Ducha Świętego były jak buchający ogień. Wiele osób żałowało za swe grzechy, było uleczanych z chorób, wyzbywało się wszelkich wątpliwości odnośnie opatrzności Boskiej, zyskując prawdziwą wiarę i życie wieczne. Dopiero wtedy poznawali Boga, Jego niezmierną miłość i zamiary, spotykali Go i poprzez Jego słowo zyskiwali wiarę w życie wieczne.

Jeśli zrozumiemy dlaczego Bóg umieścił drzewo poznania dobra i zła w rajskim ogrodzie, będziemy mogli pojąć jego zamysły wobec ludzkości i kochać go jeszcze mocniej. Znając cel swego życia, będziemy mieli siłę przezwyciężać grzechy nawet za cenę przelewu krwi. Zaczniemy podejmować starania, aby nasze serce przypominało serce Pana Jezusa Chrystusa. Nasza wiara stanie się tak silna, że będziemy gotowi powierzyć swe życie Bogu.

Książka „*Przesłanie Krzyża*" odkrywa tajemnice krzyża i pomaga zrozumieć Boską opatrzność i miłość, posiąść prawdziwą wiarę, a także stanowi solidny fundament, na którym każdy chrześcijanin może budować szczęśliwe, miłe Bogu życie.

Dziękuję całemu zespołowi redakcyjnemu i wszystkim, bez których opublikowanie tej książki nie byłoby możliwe. Dziękuję również pracownikom biura tłumaczeń.

Oby jak największa ilość osób odnalazła głęboki sens w Bogu, poznała jego miłość i jako dzieci Boże dostąpiła zbawienia – za to się modlę w imieniu naszego Pana Jezusa Chrystusa.

Jaerock Lee

WSTĘP

"*Przesłanie Krzyża*" emanuje siłą i mądrością Bożą. Jest przejmującym przesłaniem, które każdy chrześcijanin na świecie powinien przyjąć!

Dziękuję Bogu Ojcu, że wspierał nas w wydaniu książki „*Przesłanie Krzyża*", na którą oczekiwało tak wielu członków kościoła Manmin. Książka udziela prostych odpowiedzi na pytania, które trapią wielu chrześcijan: „Jaki był Bóg przed stworzeniem?", „Dlaczego Bóg stworzył człowieka i pozwolił mu żyć na Ziemi?", „Dlaczego Bóg umieścił w rajskim ogrodzie drzewo poznania dobra i zła?", „Dlaczego Bóg wysłał swojego jedynego Syna jako ofiarę pokutną?", „Dlaczego Bożym planem jest zbawienie ludzi poprzez chropowaty drewniany krzyż?" oraz wiele innych.

Książka składa się z wielu przepełnionych Duchem nauk wygłoszonych przez dr Jaerocka Lee, które rzucają światło na kwestie pozwalające zrozumieć olbrzymią miłość Boga.

Rozdział 1 „Bóg Stwórca i Biblia" przedstawia postać Boga i wyjaśnia sposób, w jaki działa On wokół nas. W tym rozdziale poznamy dowody obalające teorię ewolucji i przemawiające za stworzeniem świata oraz dowiemy się o prawdzie zawartej w Biblii na tle historii ludzkości. Przedstawione zostaną także dowody na istnienie Boga żywego.

Rozdział 2 „Stworzenie i kultura duchowa człowieka" udowadnia, że Bóg stworzył wszystkie istoty we wszechświecie. Podaje powód, dla którego Bóg stworzył człowieka na swoje podobieństwo i wyjaśnia sens ludzkiego życia.

Rozdział 3 „Drzewo poznania dobra i zła" udziela odpowiedzi na podstawowe pytanie chrześcijan: Dlaczego Stwórca umieścił w Edenie drzewo poznania dobra i zła? Powody, dzięki którym lepiej zrozumiemy głęboką miłość i opatrzność Boską roztoczoną nad ludźmi na Ziemi zostaną dokładanie omówione.

Rozdział 4 „Tajemnica sprzed początku czasów" wyjaśnia związek między prawem wykupienia ziemi, a duchowym prawem zbawienia człowieka (Ks. Rodzaju 25). Opowiada o spowodowanej grzechem nieuniknionej śmierci każdego człowieka i o wspaniałym planie zbawienia ludzi przygotowanym przez Boga jeszcze przed początkiem czasów. Objaśnia również powody, dla których Stwórca wybrał Jezusa na Odkupiciela ziemi oraz nie wyjawił planu zbawienia zanim został on zrealizowany.

Rozdział 5 „Dlaczego Jezus jest naszym jedynym Zbawicielem?" wyjaśnia sposób, w jaki spełnił się plan zbawienia ludzi w Jezusie, powód Jego ukrzyżowania, błogosławieństwa i prawa dzieci Bożych, znaczenie słów „Jezus Chrystus", powód, dla którego Bóg nadał Mu na Ziemi właśnie to imię, a przez które ludzie zostaną zbawieni oraz wiele innych zagadnień. Rozumiejąc duchowe konsekwencje nauk przedstawionych w tym rozdziale, odczujemy nieskończoną Boską miłość.

Rozdział 6 „Opatrzność Boża" objaśnia głębokie znaczenie cierpień Odkupiciela. Dlaczego urodził się w stajence i leżał w żłóbku skoro był synem Boga? Dlaczego był biedny przez całe życie? Dlaczego go wychłostano, na czoło włożono Mu koronę cierniową, a Jego ręce i stopy przybito do krzyża? Dlaczego cierpiał do chwili, gdy z Jego boku wypłynęła woda i krew?

Rozdział ten udziela wyczerpujących odpowiedzi na wszystkie pytania i pozwala poznać powody, dla których cierpiał Zbawiciel. Przez ich zrozumienie i wiarę w ich duchowe znaczenie wiele problemów spowodowanych przez wszelkiego rodzaju choroby, ubóstwo, kłótnie w rodzinie, trudności w firmie i wiele innych zostanie rozwiązanych. Niniejszy rozdział pozwala pojąć głęboką miłość Boga i przez jej boską naturę poradzić sobie z każdym rodzajem zła.

Rozdział 7 „Siedem ostatnich słów Jezusa na krzyżu" wyjaśnia znaczenie słów Zbawiciela, które wypowiedział tuż przed Swoją śmiercią, a przez które wypełniła się zbawienna misja Chrystusa. Rozdział ten opowiada o nadziei na zmartwychwstanie, wielkiej miłości Jezusa do ludzi i poucza, aby w oczekiwaniu na Jego przyjście nie ustawać w walce w imię dobra.

Rozdział 8 „Szczera wiara i życie wieczne" opowiada o wierze jako jedynym kluczu do tego, aby stać się jednością z umiłowanym Jezusem Chrystusem. Ci, którzy tylko słowem głoszą wiarę w Zbawiciela Jezusa Chrystusa, nie zostaną ocaleni w Dzień Sądu Ostatecznego – ostrzega Biblia. Podkreśla, że aby wstąpić na drogę zbawienia należy przyjąć Syna Człowieczego oraz spożywać Jego ciało i krew. Rozdział ten opowiada czym jest prawdziwa wiara oraz w jaki sposób ją osiągnąć i zdobyć zbawienie.

Rozdział 9 „Narodzić się z wody i z Ducha" przytacza dialog między Jezusem a Nikodemem, który stanowi zakończenie książki *„Przesłanie Krzyża"*. Opowiada o konieczności nieustannej odnowy serca poprzez wodę i Ducha Świętego oraz zachowania czystości ducha, duszy i ciała aż do ponownego nadejścia Pana Jezusa Chrystusa i zbawienia.

Rozdział 10 „Czym jest herezja?" zgłębia naturę herezji oraz omawia negatywny i fałszywy sposób, w jaki jest postrzegana. Z powodu nieznajomości biblijnej definicji tego słowa wielu dzisiejszych chrześcijan uważa dobre dzieła Boże za herezję. Rozdział ten przestrzega przed pochopnym potępianiem i postrzeganiem jako herezję dokonań Ducha Świętego. Uczy, w jaki sposób odróżniać prawdę od fałszu i rozpoznawać wyznania sprzeczne z prawdziwą religią. Szczególna uwaga zostaje zwrócona na modlitwę i życie w prawdzie, oraz zachowanie ostrożności w obliczu licznych pokus i fałszu.

W Księdze 1 List do Koryntów 1,18, odnajdujemy słowa apostoła Pawła: „*Albowiem mowa o krzyżu tym, którzy giną, jest głupstwem; ale nam, którzy bywamy zbawieni, jest mocą Bożą.*" Przemawia przez nie mądrość Boża, ponieważ każdy, kto zrozumie tajemnice ukryte w naukach z krzyża i uświadomi sobie głęboką miłość Boga do ludzkości oraz Jego opatrzność, będzie mógł prawdziwie wierzyć w Boga żywego, spotkać Go i wieść spełnione życie chrześcijanina.

Książka „*Przesłanie Krzyża*" składa się z podstawowych nauk dotyczących życia każdego chrześcijanina, dlatego też modlę się w imię Pana naszego, Jezusa Chrystusa, aby każdemu służyły one wiernie w drodze ku zbawieniu i życiu wiecznemu.

Geumsun Vin
Dyrektor redakcji

SPIS TREŚCI

PRZEDMOWA

WSTĘP

Rozdział 1 _ Bóg Stwórca i Biblia • 1
- Bóg Stwórca
- Jestem Który Jestem
- Wszechwiedzący i Wszechmogący Bóg
- Bóg jest autorem Biblii
- Każde słowo w Biblii jest prawdziwe

Rozdział 2 _ Stworzenie i kultura duchowa człowieka • 21
- Bóg stwarza istoty ludzkie
- Dlaczego Bóg opiekuje się ludźmi?
- Bóg oddziela ziarno od plew

Rozdział 3 _ **Drzewo poznania dobra i zła** • 37

- Adam i Ewa w Edenie
- Wolna wola Adama i jego nieposłuszeństwo
- Zapłatą z grzech jest śmierć
- Dlaczego Bóg umieścił w Edenie drzewo poznania dobra i zła?

Rozdział 4 _ **Tajemnica sprzed początku czasów** • 59

- Oddanie władzy Adama w ręce szatana
- Prawo odkupienia ziemi
- Tajemnica sprzed początku czasów
- Jezus jest wybrańcem na mocy prawa

Rozdział 5 _ **Dlaczego Jezus jest naszym jedynym Zbawicielem?** • 77

- Zbawienie w Jezusie Chrystusie
- Dlaczego Jezus został ukrzyżowany?
- Istnieje tylko jedno imię na świecie „Jezus Chrystus"

Rozdział 6 _ **Opatrzność Boża** • 97

- Narodzony w stajence
- Życie Jezusa w ubóstwie
- Biczowanie i przelanie krwi Zbawiciela
- Korona z cierni
- Szaty oraz suknia Jezusa
- Przybicie dłoni i stóp Jezusa do krzyża
- Nogi Jezusa nie zostały połamane - Jego bok został przebity

Rozdział 7 _ **Siedem ostatnich słów Jezusa na krzyżu** • 139

- Ojcze, przebacz im
- Dziś będziesz ze mną w raju
- Niewiasto, oto syn twój! Oto matka twoja"
- *Eloi, Eloi, Lama Sabachthani?*
- Pragnę
- Wykonało się!
- Ojcze, w ręce twoje polecam ducha mego

Rozdział 8 _ **Szczera wiara i życie wieczne** • 167
- Cóż za wielka tajemnica!
- Fałszywe wyznania nie prowadzą ku zbawieniu
- Ciało i krew Syna Człowieczego
- Przebaczenie można odnaleźć tylko chodząc w światłości
- Szczera wiara poparta jest działaniem

Rozdział 9 _ **Narodzić się z wody i z Ducha** • 215
- Nikodem przychodzi do Jezusa
- Jezus objaśnia Nikodemowi duchowe prawdy
- Narodzeni z wody i z Ducha
- Trzy świadectwa: Duch, woda i krew

Rozdział 10_ **Czym jest herezja?** • 231
- Biblijna definicja herezji
- Duch prawdy a duch fałszu

··· PRZESŁANIE KRZYŻA

Rozdział 1

Bóg Stwórca i Biblia

- Bóg Stwórca
- Jestem Który Jestem
- Wszechwiedzący i Wszechmogący Bóg
- Bóg jest autorem Biblii
- Każde słowo w Biblii jest prawdziwe

PRZESŁANIE KRZYŻA

„Na początku stworzył Bóg niebo i ziemię".
Księga Rodzaju 1,1

Bóg Stwórca

Na półkach w księgarni możemy znaleźć wiele książek, jednak żadna z nich nie jest w stanie udzielić tak szczegółowych i wyczerpujących odpowiedzi na pytania dotyczące początku świata oraz powstania i końca ludzkości jak Biblia. Pismo Święte wyjaśnia, skąd wziął się wszechświat i życie. W Księdze Rodzaju 1,1 jest napisane: *„Na początku stworzył Bóg niebo i ziemię"*, natomiast w Księdze Hebrajczyków 11,3 możemy przeczytać: *„Przez wiarę poznajemy, że światy zostały ukształtowane słowem Boga, tak iż to, co widzialne, nie powstało ze świata zjawisk"*. To, co widzialne powstało jako akt stworzenia Boga, a nie nagle z niczego. Natomiast człowiek manipulując formą lub łącząc to, co istnieje potrafi wytworzyć coś nowego, jednak nie jest to nigdy tworzenie z niczego.

Niewyobrażalne jest, aby żywy organizm został stworzony przez człowieka. Nawet jeśli udało się nam dzięki zaawansowanym technologiom zaprojektować komputerową sztuczną inteligencję (A.I) czy sklonować owce, to nie potrafimy z kompletnej pustki stworzyć choćby ameby. W tej kwestii człowiek nie potrafi nic ponad krzyżowanie organizmów żywych stworzonych przez Boga.

Tylko On jest w stanie tworzyć z niczego i dokonać aktu stworzenia wszechświata, którym teraz włada tak jak historią, życiem, śmiercią oraz wszelkimi błogosławieństwami i klątwami ludzkości.

Dowody, które sprawiają, że wierzymy w Boga Stwórcę

Dom, stół, a nawet gwóźdź – wszystkie przedmioty zostały wcześniej przez kogoś zaprojektowane, musi więc istnieć także projektant bezkresnego wszechświata. Musi istnieć właściciel, który go stworzył i nim zarządza. Jest nim właśnie Bóg Stwórca, o którym wielokrotnie wspomina Biblia.

Rozglądając się wokół siebie jesteśmy w stanie dostrzec niezliczone świadectwa stworzenia. Rozważmy chociażby imponującą liczbę ludzi zamieszkujących Ziemię, którzy niezależnie od rasy, wieku, płci czy statusu społecznego, wszyscy posiadają jedne usta, jeden nos, oraz dwoje nozdrzy, oczu i uszu.

Mimo wielu różnic między gatunkami zwierząt, wszystkie one posiadają pewne cechy wspólne. Każdy słoń na przykład ma umiejscowiony po środku, nad pyskiem długi nos czyli trąbę, który nie znajduje się nad jego oczyma, ani na szyi, ani na czubku głowy. Podobne wspólne cechy budowy ciała posiadają wszystkie ptaki fruwające w powietrzu, wszystkie ryby w oceanach i rzekach oraz pozostałe zwierzęta.

Ponadto każdy gatunek posiada narządy płciowe oraz system trawienny działające na niemali identycznej zasadzie. Każde z nich spożywa pokarm, który po strawieniu jest wydalany poza organizm. Wszystkie ssaki kojarzą się w pary z osobnikami odmiennej płci i wydają na świat młode.

Sumując te informacje trudno twierdzić, że są to dzieła przypadku lub dowody na istnienie ewolucji, którą rządzi prawo przetrwania najsilniejszego. Teoria ewolucji nie potrafi wytłumaczyć żadnej z nich.

Fakt posiadania przez istoty ludzkie i zwierzęta pewnych cech wspólnych dowodzi, że stworzył je Bóg, który musiał być tylko jeden. W przeciwnym razie wszystkie formy życia różniłyby się między sobą budową, liczbą organów oraz ich umiejscowieniem.

Jeszcze więcej dowodów przemawiających za stworzeniem znajdziemy, gdy bliżej przyjrzymy się naturze i wszechświatu. Zauważymy jak Ziemia bez najmniejszego błędu obraca się wokół własnej osi oraz jak wspaniale funkcjonuje Układ Słoneczny.

Spójrzmy teraz na zegarek. W jego wnętrzu znajduje się duża liczba przemyślnych części, jednak brak najmniejszej z nich sprawi, że zegarek przestanie działać. Przeciwnie zachowuje się wszechświat, nad którym czuwa opatrzność Boska.

Człowiek, tak jak każda inna forma życia, przestanie istnieć jeśli pozbawimy go księżyca, który umieszczony przez Boga we właściwym miejscu, krąży wokół Ziemi w odpowiedniej odległości.

Powstająca w ten sposób grawitacja oddziałuje na wody powodując przypływy i odpływy, mieszając je i oczyszczając. Podobnie wszystko we wszechświecie porusza się według woli Bożej.

Dlaczego niektórzy nie wierzą w Stwórcę?

Dlaczego obok osób wierzących i praktykujących istnieją ludzie odrzucający Boga Stwórcę, którzy myślą i traktują naukę jako odpowiedź na wszystko?

Wiara w Boga, Ojca Wszechmogącego, Stworzyciela nieba i ziemi przychodzi z łatwością tym, którzy od młodości byli wychowywani w rodzinie chrześcijańskiej.

Jednak na wielu ludzi w wieku dorastania obok teorii ewolucjonizmu wpływ miała także „wiedza" nie zupełnie zgodna z prawdą. Niektóre osoby identyfikują się także z niewiernymi lub wątpiącymi w Boga.

U osób pochodzącym z takich środowisk uczęszczanie do kościoła wywołuje wewnętrzny konflikt powstały na skutek sprzeczności nabytej wiedzy, ze słowami usłyszanymi w świątyni i powoduje niezdolność do wiary w Boga.

Nie pozbywając się nabytych w świecie myśli i wiedzy, niezależnie od tego czy uczęszczało się do kościoła czy nie, nie możliwa staje się pochodząca od Boga, daleka od wszelkich wątpliwości wiara duchowa.

Pozbawieni duchowej wiary jesteśmy zdani tylko na siebie, a świat fizyczny uważamy za jedyny istniejący, co uniemożliwia wiarę w królestwo niebieskie i piekło.

Ile razy słyszeliśmy o teoriach uważanych za prawdziwe, które z biegiem czasu były zastępowane, zmieniane lub uzupełniane? Nawet jeśli nie dotyczy to szczególnie naszych rozważań, prawdą jest, że nieustannie dokonywane odkrycia rzucają coraz to nowsze światło na popularne teorie i przeczą słowom wielu autorytetów. Nigdy nie odważyłbym się powiedzieć, że wszyscy naukowcy mylą się, ponieważ w miarę upływu czasu oraz postępu naukowego odkrywamy coraz lepsze wyjaśnienia zachodzących zjawisk oraz tworzymy nowe teorie, mimo że nie są w pełni doskonałe.

Na Ziemi istnieje nadal niezliczona ilość tajemnic do odkrycia, spośród których część człowiek powinien zwyczajnie zaakceptować jako nieodgadnione.

Nigdy nie zdołaliśmy dotrzeć do krańców wszechświata ani cofnąć się w czasie do okresu starożytności, a jednak tworzymy rozmaite teorie objaśniające funkcjonowanie wszechświata za pomocą rozlicznych hipotez.

Zanim człowiek odbył swą pierwszą podróż na Księżyc przypuszczaliśmy, że „gdzieś tam w przestrzeni kosmicznej, na księżycu lub innym miejscu układu słonecznego, może istnieć życie." Później jednak ogłoszono, że „na księżycu życia nie ma". Obecnie podejrzewamy, że „istnieje szansa, iż na Marsie zachowało się życie" oraz „na powierzchni Czerwonej Planety znajdują się ślady wody".

Faktem jest jednak, że nie zdając sobie sprawy z potęgi woli Bożej choćbyśmy niewiadomo jak długo prowadzili badania i nabywali wiedzę to zawsze dotrzemy jedynie do granic ludzkiego pojmowania.

W Liście do Rzymian 1,20 jest napisane: *„Bo niewidzialna jego istota, to jest wiekuista jego moc i bóstwo, mogą być od stworzenia świata oglądane w dziełach i poznane umysłem, tak iż nic nie mają na swoją obronę".*

Słońce, Księżyc i gwiazdy oraz wszelkie istoty i rzeczy są przejawem istnienia mocy bożej, dlatego każdy, kto rozważa w swoim sercu te dzieła, wierzy i odczuwa Jego istnienie.

Jestem Który Jestem

Słysząc o Stwórcy, wiele osób zadaje sobie pytania: „Skąd pochodzi?" lub „pod jaką postacią istnieje?"

Pytania takie są wynikiem założenia, że istnieje początek i koniec wszystkich rzeczy. Wymagamy dla nich jasnych odpowiedzi, ponieważ wiedza i myśli człowieka nie są wstanie przekroczyć pewnych granic. Jednak istnienie Boga zdaje się być dla nas niepojęte, dlatego jest On tym, który „Był", „Jest" i „Będzie".

Księga Wyjścia przedstawia scenę, w której Bóg nakazuje Mojżeszowi zaprowadzić Izraelitów do Ziemi Kananejskiej. Gdy Mojżesz zapytał co ma odpowiedzieć, gdy zapytają go o imię Boga, On odparł:

„Jestem, Który Jestem" i nakazał powiedzieć synom Izraela *„JESTEM posłał mnie do was"* (2 Moj. 3,14).

Bóg używa słowa „JESTEM" w odniesieniu do samego siebie, dając do zrozumienia, że nie narodził się z nikogo, ani nikt Go nie stworzył lecz jest istotą doskonałą, czyli Stwórcą we własnej osobie.

Na początku Bóg był Słowem i Światłością

Zapis w Ewangelii Jana 1,1, który mówi, że „*na początku było Słowo, a Słowo było u Boga, a Bogiem było Słowo*" rozumiemy w ten sposób, że Bóg będąc na początku Słowem, był zarazem istotą, która nie została stworzona i egzystowała w zupełnej pustce. Jak żył i gdzie dokładnie się znajdował? Będący Duchem, Bóg przybrał postać Słowa. Istniał w czwartym wymiarze czyli w sferze duchowej, znajdującej się poza trzecim wymiarem, który jest widzialny. Będąc przepięknym światłem o czystym i wyraźnym głosie Bóg panował nad całym wszechświatem.

W 1 Liście Jana 1,5 słowa „*a światłość świeci w ciemności, lecz ciemność jej nie przemogła*" mają znaczenie duchowe i są wyrazem światłości Bożej.

Na początku Bóg był Słowem i Światłością, a Jego wyraźny, miły i delikatny głos brzmiał w całym wszechświecie, co doskonale rozumieją ci, którzy ten głos słyszeli.

Aby czuwać nad swymi dziećmi i dzielić się z nimi miłością, Bóg, który jest, stał się Trójcą. Pojawił się Syn, który wypełnia misję zbawienia i Duch Święty, który pełni rolę pomocnika.

Stwórca, który istniał przed zaraniem dziejów, zgodnie ze swoim zamiarem powołał do życia człowieka. Wszystkie utrwalone w nas stereotypy, teorie oraz stare sposoby myślenia ustąpią miejsca akceptacji dzieł Bożych w chwili, w której zrozumiemy wypowiedziane przez Boga słowo JESTEM.

Efekty pracy rąk człowieka w przeciwieństwie do dzieł

Bożych są ograniczone i posiadają liczne niedoskonałości. Do tej grupy zaliczają się najnowsze wynalazki opracowane dzięki postępowi cywilizacyjnemu i naukowemu.

Wiele współczesnych bożków, przed którymi kłaniamy się i modlimy się do nich o błogosławieństwo, to tak naprawdę rzeczy zrobione ze złota, srebra, brązu i metalu. Są niczym innym jak wizerunkiem z drewna, metalu lub kamienia, który nie potrafi oddychać, rozmawiać a nawet mrugać oczyma (Hebr. 2,18-19).

Tworzone są one często przez ludzi, którzy uważają się za roztropnych, a mimo to niepotrafiących rozróżnić prawdy od fałszu. Czy tego rodzaju postępowanie nie powinno być uważane za niemądre?

Jeśli nie zdawaliśmy sobie sprawy z istnienia Tego, który Jest i oddawaliśmy cześć oraz służyliśmy fałszywym bogom, powinniśmy żałować dotychczasowego postępowania oraz zacząć wielbić Pana i prowadzić życie jak przystało na dzieci boże.

Wszechwiedzący i Wszechmogący Bóg

Bóg istniał przed zaraniem dziejów. Doskonały Stworzyciel świata wszechwiedzący i wszechmogący. Biblia opisuje wiele Jego nieosiągalnych dla ludzi cudów.

Te potężne świadectwa Boga, który istniał i istnieje w niezmiennej postaci miały miejsce w czasach Starego i Nowego Testamentu. Wielu obdarzonych Jego mocą ludzi dokonywało cudów.

Działo się tak ponieważ, zgodnie z tym, co powiedział Jezus w Księdze Jana 4:48: *„Jeśli nie ujrzycie znaków i cudów, nie uwierzycie"*, nie uwierzymy, dopóki nie zobaczymy dzieł Wszechmogącego.

Bóg czyni niezwykłe znaki i cuda

Pięcioksiąg Mojżeszowy zawiera zapis cudów dokonanych przez wszechwiedzącego i wszechmogącego Boga w czasie, gdy Mojżesz wyprowadzał Izraelitów z ziemi egipskiej.

Aby Mojżesz mógł bezpiecznie wyprowadzić naród wybrany, Bóg zsyła na Egipcjan i ich władcę dziesięć plag, rozdziela Morze Czerwone i w jego odmętach zatapia część wojsk egipskich, która rzuciła się w pościg za Izraelitami.

Z kolei zaraz po ucieczce Bóg ratuje wybrańców przed śmiercią z głodu. Pitna woda tryska ze skały, gdy Mojżesz uderza weń laską, a manna spada z nieba, zapewniając narodowi wybranemu pokarm.

Na kolejnych kartach Starego Testamentu odnajdujemy Boga, który w czasie trzy i pół letniej suszy pomaga Eliaszowi tak długo, aż na ziemię ponownie zaczyna padać deszcz, a w międzyczasie przywraca do życia zmarłego syna wdowy.

Cudów dokonuje również Jezus. W Nowym Testamencie wskrzesza martwego od czterech dni Łazarza, ślepcowi przywraca wzrok, ulecza chorych, wypędza złe duchy, chodzi po wodzie i uspokaja fale.

Niezwykłe cuda czynił Bóg przez ręce Pawła. Nawet chustki lub przepaski, które dotknęły jego skóry, zanoszono do chorych i choroby ustępowały, a złe duchy opuszczały ciała ludzkie (Dz. Ap. 19,11-12). Podobnie wiele znaków czynił jeden z najlepszych uczniów Jezusa, Piotr. Nawet na ulice wynoszono chorych na noszach i łożach, aby przynajmniej cień przechodzącego Piotra mógł paść na któregoś z nich (Dz.Ap. 5,15).

Bóg jest autorem Biblii

Nie potrafimy dostrzec Boga, ponieważ jest Duchem. Mimo to przejawia się On w wielu formach, zwykle w przyrodzie, jednak czasami również w postaci świadectwa, głoszonego przez uzdrowionych lub tych, którzy otrzymali od niego odpowiedź. Swoją obecność ujawnia także w Biblii.

Dzięki niej możemy poznać oraz spotkać Boga Jedynego, a uświadamiając sobie Jego dzieła, osiągnąć życie wieczne i zbawienie. Gdy pojmiemy, jak Go kochać i jak On kocha nas, możemy wysławiać Jego imię i wieść szczęśliwe życie na ziemi (2 Tym. 3,15-17).

Pisma Święte są natchnione przez Boga

W Księdze 2 Piotra 1,21 jest napisane: *„Albowiem proroctwo nie przychodziło nigdy z woli ludzkiej, lecz wypowiadali je ludzie Boży, natchnieni Duchem Świętym"*, natomiast w Księdze 2 Tymoteusza 3,16: *„Całe Pismo przez Boga jest natchnione (...)"*. Oznacza to, że Biblia, poczynając od Księgi Rodzaju, a na Objawieniu Jana kończąc jest słowem Bożym napisanym tylko z woli Boga.

Z tego powodu odnajdujemy w Biblii wiele zwrotów takich jak: „Bóg powiedział", „Pan rzekł", „Pan Bóg przemówił". Potwierdzają one, że słowa w Piśmie Świętym nie są wymysłem ludzi.

Biblia składa się z sześćdziesięciu sześciu ksiąg, na które przypada trzydzieści dziewięć ksiąg Starego Testamentu i dwadzieścia siedem ksiąg Nowego Testamentu, napisanych przez około trzydziestu czterech autorów. Mimo że Pisma Święte powstawały przez 1600 lat, od 1500 roku p.n.e. do 100 roku n.e., to wszystkie jej wersy i teksty są zadziwiająco spójne.

W Księdze Izajasza 34,16 jest napisane: „Badajcie Pismo Pana i czytajcie: Żadnej z tych rzeczy nie brak, żadna z nich nie pozostanie bez drugiej, gdyż usta Pana to nakazały i jego Duch je zgromadził".

Spójność tekstów mogła zostać osiągnięta tylko przez zamieszkującego w sercach twórców Ducha Świętego, czyli Boga. Zawsze należy pamiętać, że to On natchnął ludzi i jest prawdziwym autorem Biblii.

Rozważmy następujący przykład: do młodszego syna, który pobiera nauki w mieście, regularnie docierają listy od jego żyjącej na wsi matki. Jest ona osobą starszą i nie potrafi pisać, więc dyktuje listy swemu starszemu synowi. Po odebraniu ich, młodszy syn sądzi, że pochodzą prosto od matki, mimo że tak naprawdę napisał je jego starszy brat. Analogia ta wyjaśnia jak powstała Biblia.

Pełen błogosławieństw i obietnic list miłosny od Boga

Powinniśmy wierzyć w fakt, że poprzez Biblię objawia się Bóg wierny, który przy pomocy natchnionych Duchem Świętym osób stał się jej autorem. Słowo Boże jest duchem i życiem (Jan. 6,63), dlatego każdy kto w nie wierzy i postępuje w zgodzie z Pismem Świętym zyska życie wieczne. Stając się podobnymi do Jezusa Chrystusa będziemy cieszyli się nie tylko powodzeniem, ale wzbogacimy także nasze życie duchowe.

Bóg zstąpił na ziemię w postaci Jezusa Chrystusa. Tak jak ostrzega powiedzenie „Latarnia morska nie świeci u swej podstawy", tak Jego uczeń Filip, nie dostrzegł w nim Boga wcielonego, niedowierzał i żądał, aby mu Go pokazać.

Księga Jana 14,8 tak oto przedstawia dialog między Jezusem a Filipem:

> *Rzekł mu Filip: Panie, pokaż nam Ojca, a wystarczy nam. Odpowiedział mu Jezus: Tak długo jestem z wami i nie poznałeś mnie, Filipie? Kto mnie widział, widział Ojca; jak możesz mówić: Pokaż nam Ojca? Czy nie wierzysz, że jestem w Ojcu, a Ojciec we mnie? Słowa, które do was mówię, nie od siebie mówię, ale Ojciec, który jest we mnie, wykonuje dzieła swoje (Jan. 14,8-10).*

Filip nie dowierzał i prosił o ukazanie Boga mimo

czynionych cudów, które nie byłyby możliwe bez mocy Bożej. Mimo to Jezus przekonywał Filipa, aby ten brał je pod uwagę i wierzył jego naukom.

Ponieważ niemożliwe jest, aby człowiek dostrzegł Boga, zstąpił On na Ziemię, aby ukazać się w postaci Chrystusa oraz sprawić, że powstanie Pismo Święte.

Poprzez Biblię możemy zjednoczyć się z Bogiem, otrzymać błogosławieństwa, odpowiedzi, poznawać Jego wolę i słowa.

Każde słowo w Biblii jest prawdziwe

Podawanie informacji na temat obyczajów ludów oraz dawnych wydarzeń w przeszłości to rola historii. Udowadnia zmiany jakie zachodzą na przestrzeni wieków. Dzięki niej poznajemy warunki życia, w jakich żyli niegdyś ludzie oraz przedmioty, którymi się posługiwano.

Historia ludzkości jest dowodem na prawdziwość Biblii. Gdy dokładniej przyjrzymy się Pismu Świętemu, spostrzeżemy wiele historycznych i realistycznych opisów miejsc oraz ludzi i ich zwyczajów.

Przez wiele pokoleń zapisywano w Starym Testamencie historie, zarówno obiektywne fakty, jak i zdarzenia błahe, które przydarzyły się ludziom lub społecznościom od czasów Adama i Ewy. Izrael ogłosił go państwowym dziedzictwem narodowym i nadał mu wagę dokumentu historycznego. Również historycy traktują Biblię jako wiarygodne źródło informacji.

Historia dowodzi prawdziwości Biblii

Posługując się Biblią pragnę krótko przedstawić czytelnikowi historię Izraela i udowodnić, że słowa Boże w Biblii są prawdą.

Adam przodek ludzkości zgrzeszył przeciw Bogu, w konsekwencji czego ludzie zostali obciążeni grzechem i żyli nie znając Boga Stwórcy. Wtedy właśnie Bóg, zamierzając ujawnić swoją opatrzność i wolę, wybrał jeden naród.

Na początku oczyścił serce Abrahama i ustanowił go praojcem wiary. Abraham był ojcem Izaaka, ten zaś był ojcem Jakuba, któremu Bóg nadał imię Izrael. Dwunastu synów Izraela dało początek dwunastu plemionom.

Za życia Jakuba Bóg poprowadził go do Egiptu. Tam powstał naród, którego populacja zwiększyła się. W końcu potomkowie Jakuba dotarli do Ziemi Kanaan.

Gdy Mojżesz przebywał na pustyni, Bóg nadał mu Prawo, nauczył Izraelitów, jak żyć w zgodzie z Jego Słowem, według którego zaczęli od tamtej pory żyć.

Po dotarciu do Ziemi Kananejczyków wiodło im się tylko, gdy byli posłuszni Prawu. Gdy oddawali cześć bożkom i czynili zło, ich potęga narodowa słabła. Naród cierpiał krzywdę z powodu obcych najeźdźców i wielu Izraelitów brano do niewoli. Wtedy nadchodził czas na skruchę, dzięki której kraj odzyskiwał siłę. Cykl ten powtarzał się wiele razy.

Historia Izraela jest dowodem na istnienie Boga i jego wszechwładzy.

Przepowiednie biblijne zostały spełnione lub spełnią się. W Ewangelii Łukasza Jezus przepowiada upadek Jerozolimy:

Gdyż przyjdą na ciebie dni, że twoi nieprzyjaciele usypią wał wokół ciebie i otoczą, i ścisną cię zewsząd. I zrównają cię z ziemią i dzieci twoje w murach twoich wytępią, i nie pozostawią z ciebie kamienia na kamieniu, dlatego żeś nie poznało czasu nawiedzenia swego.

W powyższych wersach Jezus zapowiada zniszczenie Jeruzalem jako karę od Boga za „podłą nienawiść", która przesiąkła żydowską społeczność w tym czasie. Czterdzieści lat po przepowiedni proroctwo spełniło się. W 70 roku n.e. Tytus, przyszły cesarz Rzymu, rozpoczął oblężenie Jerozolimy i zniszczył ją, zabijając większość mieszkańców.

W Księdze Mateusza 24,32 Jezus powiedział: *„A od figowego drzewa uczcie się podobieństwa: Gdy gałąź jego już mięknie i wypuszcza liście, poznajecie, że blisko jest lato".* W przypowieści drzewo figowe symbolizuje naród Izraela, a tekst wieszczy niepodległość narodu wybranego, która nastąpi, gdy przybliży się drugie przyjście Jezusa. Fakty historyczne znalazły pokrycie w Piśmie Świętym, gdy upadły w 70 roku n.e. Izrael, powstał ponownie 14 maja 1948 roku—tysiąc dziewięćset lat po swoim upadku.

Proroctwa Starego Testamentu spełniają się w Nowym Testamencie

Spełnianie się proroctw Starego Testamentu w czasach Nowego Testamentu potwierdza autentyczność biblijnych słów Bożych.

Posłuszeństwo Prawu Starego Testamentu nie było najlepszym sposobem, aby stać się „prawdziwym dzieckiem Bożym". Było zaledwie cieniem Boga. Dlatego w Starym Testamencie Bóg przepowiedział, że na ziemię przyjdzie Mesjasz. Przepowiednia spełniła się wraz z narodzinami Jezusa Chrystusa. Powszechnie wiadomo, że Jezus przyszedł na świat ponad 2000 lat temu. Data narodzenia Jezusa Chrystusa dzieli historię zachodu na dwa główne okresy: przed naszą erą (p. n.e.)—oznaczający lata przed początkiem ery chrześcijańskiej i odpowiada on angielskiemu skrótowi B.C. (before Christ) czyli przed Chrystusem, oraz naszej ery (n.e.)—oznaczający lata od początku ery chrześcijańskiej i odpowiada łacińskiemu skrótowi A.D. czyli Anno Domini, co znaczy w Roku Pańskim. Historia potwierdza także narodziny Jezusa.

W Księdze Rodzaju 3,15 jest napisane:

> *I ustanowię nieprzyjaźń między tobą a kobietą, między twoim potomstwem a jej potomstwem; ono zdepcze ci głowę, a ty ukąsisz je w piętę.*

Wers przepowiada nadejście narodzonego z kobiety Zbawiciela, który pokona śmierć; natomiast „kobieta" symbolizuje Izrael. Faktycznie Jezus przyszedł na ziemię jako syn Józefa, który należał do plemiona Judy z Izraela (Łuk. 1,26-32).

W Księdze Izajasza 7,14 jest napisane: „*Dlatego sam Pan da wam znak: Oto panna pocznie i porodzi syna, i nazwie go imieniem Immanuel*".

Wers ten sugeruje, że Syn Boży zostanie poczęty przez Ducha

Świętego, aby odkupić grzechy ludzkie. I stało się tak, gdy Maryja Dziewica poczęła Jezusa Chrystusa, który narodził się z Ducha Świętego (Mat. 1,18-25).

W Księdze Micheasza 5:1 przepowiedziano również, że Betlejem będzie miejscem narodzin Chrystusa:

Ale ty, Betlejemie Efrata, najmniejszy z okręgów judzkich, z ciebie mi wyjdzie ten, który będzie władcą Izraela. Początki jego od prawieku, od dni zamierzchłych.

Przepowiednia spełniła się. Jezus narodził się w Betlejem w Judei podczas panowania Króla Heroda, co potwierdzają również fakty historyczne.

Rzeź niewiniątek przypisana Królowi Herodowi w czasach narodzin Jezusa (Jer. 31,15; Mat. 2,16), wjazd Jezusa do Jerozolimy (Zach. 9,9; Mat. 21,1-11), wniebowstąpienie Jezusa (Ps. 16,10; Dz. Ap. 1,9).

W proroctwach przepowiedziano nawet zdradę Judasza Iskarioty, który towarzyszył Jezusowi przez 3 lata (Ps. 41,9) i wydał Go za trzydzieści srebrników (Zach. 11,12).

Biorąc pod uwagę powyższe argumenty oraz spełnienie się proroctw Starego Testamentu, możemy przyjąć, że Biblia jest autentyczna i naprawdę jest Słowem Bożym.

Przepowiednie biblijne, które jeszcze się nie spełniły

Spełniając proroctwa Startego Testamentu w czasach Nowego Testamentu, Bóg uczynił Jezusa Chrystusa naszym Zbawicielem. Proroctwa, które dotyczyły Jezusa, historia narodu wybranego, jak i historia ludzkości zrealizowały się w najmniejszych detalach. Historia pokazuje, że słowa Pisma Świętego spełniły się, bądź wypełnią się w przyszłości.

Prorocy Starego i Nowego Testamentu przepowiedzieli powstanie i upadek światowej potęgi, zniszczenie, i ponowne narodziny Jerozolimy oraz przyszłe wydarzenia dotyczące kluczowych postaci. Wiele z biblijnych proroctw spełniło się lub wypełnia się obecnie. Ludzkości będzie dane przeżyć ponowne przyjście Jezusa Chrystusa, Wniebowzięcie, Królestwo Boże na Ziemi oraz Sąd Białego Tronu. Pan Nasz, tak jak obiecał, przygotowuje dla nas miejsce (Jan. 14,2) i wkrótce otrzymamy życie wieczne.

Nasz świat cierpi obecnie z powodu klęsk głodu, trzęsień ziemi, nienaturalnych zjawisk pogodowych oraz ogromnej liczby wypadków. Nie jest to przypadek, lecz znak bliskiego ponownego nadejścia Jezusa Chrystusa (Mat. 24,3-14). Należy skupić się na osiągnięciu zbawienia poprzez przebudzenie i zjednoczenie z naszym Zbawicielem.

Rozdział 2

Stworzenie i kultura duchowa człowiek

- Bóg stwarza istoty ludzkie
- Dlaczego Bóg opiekuje się ludźmi?
- Bóg oddziela ziarno od plew

PRZESŁANIE KRZYŻA

„Stworzył więc Bóg człowieka na swój obraz, na obraz Boży go stworzył: stworzył mężczyznę i niewiastę. Po czym Bóg im błogosławił, mówiąc do nich: Bądźcie płodni i rozmnażajcie się, abyście zaludnili ziemię i uczynili ją sobie poddaną; abyście panowali nad rybami morskimi, nad ptactwem powietrznym i nad wszystkimi zwierzętami pełzającymi po ziemi".

Księga Rodzaju 1,27-28

Każdy przynajmniej raz w życiu zadaje sobie podstawowe pytanie o pochodzenie, przyczynę czy sens życia. Następnie bezskutecznie przeszukujemy wiele różnych źródeł w poszukiwaniu jedynej prawdziwej odpowiedzi. Z takimi pytaniami mierzyli się już światowej sławy mędrcy tacy jak Sokrates, Budda czy Konfucjusz. Konfucjusz rozważał moralność i cnoty razem tworzące etyczny ideał, a jego tezy znalazły wielu zwolenników. Kolejnym mędrcem był Budda, który przez długi czas oddawał się skrajnej ascezie, aby uciec od ziemskiego cierpienia. Natomiast Sokrates posiadał własne metody poszukiwania prawdy i mądrości.

Jednak żaden z nich nie znalazł jednej ostatecznej odpowiedzi na postawione pytania. Żaden nie odnalazł prawdy, ani nie osiągnął życia wiecznego, ponieważ prawda kryjąca się za stworzeniem świata jest czymś duchowym, nieuchwytnym i niematerialnym. Bez zrozumienia mądrości Bożej w kształtowaniu duchowej kultury człowieka niemożliwe jest uzyskanie odpowiedzi na pytania dotyczące życia.

Bóg stwarza istoty ludzkie

Złożoność komórek, tkanek, i organów ludzkiego ciała

potrafi zadziwić. Bóg, który tak doskonale uformował człowieka na swój obraz, pragnie dzielić się z nim miłością na wieki. Dlatego przygotował niebo, ma nas w swojej opiece i stworzył nas na swoje podobieństwo.

Jak tego dokonał? Jak powstał człowiek i wszystkie rzeczy we wszechświecie?

Tworzenie świata trwało 6 dni

Księga Rodzaju znakomicie opisuje trwający 6 dni proces tworzenia świata. *"Wtedy Bóg rzekł: Niechaj się stanie światłość! I stała się światłość"*. (Ks. Rodz. 1,3). *"A potem Bóg rzekł: Niechaj zbiorą się wody spod nieba w jedno miejsce i niech się ukaże powierzchnia sucha! "* (Ks. Rodz. 1,9). I tak dalej.

Zgodnie z Księgą Hebrajczyków 11,3: *"Przez wiarę poznajemy, że światy zostały ukształtowane słowem Boga, tak iż to, co widzialne, nie powstało ze świata zjawisk"* słowo Boga było narzędziem tworzenia wszechświata.

Pierwszego dnia Bóg stworzył światłość, natomiast drugiego dnia - niebo. Trzeciego dnia „(...) rzekł Bóg: Niech się zbiorą wody spod nieba na jedno miejsce i niech się ukaże suchy ląd! (...) Wtedy nazwał Bóg suchy ląd ziemią, a zbiorowisko wód nazwał morzem. (...) I wydała ziemia zieleń, ziele wydające nasienie według rodzajów jego, i drzewo owocowe, w którym jest nasienie według rodzaju jego." Czwartego dnia Bóg stworzył Słońce, Księżyc, oraz gwiazdy, aby rządziły dniem i nocą. Piątego dnia „(...) stworzył Bóg wielkie potwory i wszelkie żywe, ruchliwe istoty, którymi zaroiły się wody, według ich rodzajów, nadto wszelkie ptactwo skrzydlate według rodzajów jego". Szóstego dnia Bóg stworzył „(...) bydło, płazy i dzikie zwierzęta według rodzajów ich".

Człowiek stworzony na obraz i podobieństwo Boga

Sześć dni zajęło Bogu przygotowanie warunków, w których człowiek mógł egzystować. Następnie stworzył go i błogosławił, aby panował nad wszelkim żyjącym stworzeniem.

> *Stworzył więc Bóg człowieka na swój obraz, na obraz Boży go stworzył: stworzył mężczyznę i niewiastę. Po czym Bóg im błogosławił, mówiąc do nich: Bądźcie płodni i rozmnażajcie się, abyście zaludnili ziemię i uczynili ją sobie poddaną; abyście panowali nad rybami morskimi, nad ptactwem powietrznym i nad wszystkimi zwierzętami pełzającymi po ziemi (Ks. Rodz. 1,27-28).*

W jaki sposób Bóg uformował człowieka?

> *Ukształtował Pan Bóg człowieka z prochu ziemi i tchnął w nozdrza jego dech życia. Wtedy stał się człowiek istotą żywą (Ks. Rodz. 2,7).*

W zacytowanym fragmencie proch ziemi oznacza glinę. Zręczny garncarz potrafi z odpowiedniego gatunku gliny wytworzyć cenną białą porcelanę lub typu „celadon" – o blado zielonym kolorze z odcieniem szarości. Z drugiej strony, mamy również garncarzy, których umiejętności pozwalają tylko na wytwarzanie porcelany nieszkliwionej, dachówek lub cegieł.

Wartość wyrobów ceramicznych zależy głównie od umiejętności rzemieślnika, rodzaju gliny i wytworzonej ceramiki. Czyż nie wspaniałego człowieka uformował Bóg, tworząc go na swoje podobieństwo?

Gdy człowiek był gotowy, Bóg tchnął w niego życie, czyniąc go istotą duchową. Tchnienie życia jest siłą, mocą, energią i Bożym duchem.

Ożywienie człowieka

Porównanie do działania światła fluorescencyjnego pozwoli nam lepiej zrozumieć proces stworzenia człowieka jako istoty duchowej. Gdy chcemy, aby światło emanowało musimy najpierw upewnić się, że jest dobrej jakości, a następnie podłączyć je do sieci elektrycznej. Jednak i to nie wystarczy. Należy jeszcze je włączyć.

Na podobnej zasadzie działają telewizory w naszych domach. Obraz i dźwięk pojawi się dopiero, gdy włączymy zasilanie; cała czynność jest bardzo prosta. Gdy włączamy telewizor niemal od razu możemy oglądać programy telewizyjne. Jednak pod obudową kryje się sieć skomplikowanych układów i przewodów.

Podobnie Bóg stworzył człowieka z gliny. Uformował kości, system nerwowy, żyły, którymi płynie krew oraz wszystkie inne narządy wewnętrzne tak, aby jak najlepiej mogły pełnić swoje zadania.

Boża moc może zamienić glinę w ciało. Podobnie, jak włącza się przepływ prądu, tak Bóg ożywił człowieka. Sprawił, że zaczęła w nim krążyć krew, mógł oddychać i poruszać się. Stworzył także komórki mózgowe odpowiedzialne za nasze zdolności słuchu, czucia oraz przechowywania informacji. Nasze doświadczenia zostają zapamiętane. Przejawiają się jako myśli i stają się wiedzą. Z kolei wiedzę, którą wykorzystujemy w życiu nazywamy mądrością.

Choć jesteśmy tylko ludźmi, zdołaliśmy rozbudować swoją wiedzę i mądrość oraz stworzyć technologicznie zaawansowaną cywilizację. Nauczyliśmy się badać wszechświat i budować komputery zdolne przechowywać, i odtwarzać ogromne ilości informacji. Czerpiemy z nich niemal tak wiele korzyści, jak z mózgu stworzonego przez Boga. Zdołaliśmy nawet opracować namiastki sztucznej inteligencji, która rozpoznaje litery lub głos ludzki i w prymitywny sposób komunikuje się z innymi. Technologie te z biegiem czasu zostaną jeszcze bardziej unowocześnione.

O ile łatwiej musiało przyjść Bogu stworzenie człowieka z gliny i przemienienie go w żywą istotę! Dla Boga stworzenie czegoś z niczego jest bardzo proste. Dla człowieka natomiast wspaniałe oraz niezgłębione (Ps. 139,13-14).

Dlaczego Bóg opiekuje się ludźmi?

O opatrzności Bożej możemy dowiedzieć się z wielu wygłaszanych przez Jezusa przypowieści, w których za pomocą przykładów ze świata materialnego przedstawiał On pojęcia należące do świata duchowego.

Wiele przypowieści nawiązuje do uprawy roli, tak jak przypowieść o siewcy (Mat. 13,3-23, Mar. 4,3-20, Łuk. 8,4-15), przypowieść o ziarnie gorczycy (Mat. 13,31-32, Mar. 4,30-32, Łuk 13,18-19), przypowieść o chwastach (Mat. 13,24-30, 36-43), przypowieść o winnicy (Mat. 20,1-16), oraz przypowieść o dzierżawcach (Mat. 21,33-41, Mar. 12:1-9, Łuk. 20:9-16).

W wielu wymienionych przypowieściach pojawia się motyw zbierania plonów oraz alegoryczne przesłanie o nadejściu czasu, gdy opiekujący się ludźmi Bóg oddzieli ziarno od plew.

Bóg pragnie dzielić się swoją miłością z ludźmi

Bóg posiada zarówno cechy Boskie jak wszechwiedza i wszechwładza, jak i cechy właściwe ludziom. Stworzył i włada wszechświatem oraz życiem ludzi. Odczuwa radość, gniew, smutek i przyjemność oraz pragnie dzielić się miłością ze swymi dziećmi.

Ludzka osobowość Boga przejawia się w Jego wielu opisywanych przez Biblię zachowaniach. Raduje się i błogosławi, gdy czynimy to, co prawe, natomiast smuci się i gniewa, gdy grzeszymy. Pismo Święte często podkreśla pragnienie Boga do porozumienia się z ludźmi i obdarowywania ich.

Gdyby Bóg posiadał tylko cechy Boskie, nie czułby potrzeby odpoczynku po sześciu dniach tworzenia wszechświata i nie pragnąłby zjednoczenia z ludźmi mówiąc *„Bez przestanku się módlcie"* (1 Tes. 5,17), oraz *„Wołaj do mnie, a odpowiem ci i* *oznajmię ci rzeczy wielkie i niedostępne, o których nie wiesz!"* (Jer. 33,3).

Ludzie posiadają pragnienie bycia w samotności. Częściej jednak są bardziej szczęśliwi, gdy przebywają w gronie podobnych do siebie osób, z którymi dzielą się miłością. Podobnie Bóg stworzył człowieka na swój obrazy, aby dzielić się z nim miłością Bożą. Sprawuje pieczę nad nami, ponieważ pragnie, abyśmy rozumieli Jego serce i kochali Go.

Bóg pragnie abyśmy byli posłuszni Jego słowu z naszej własnej wolnej woli

Niektórzy mogą dziwić się, dlaczego Bóg stworzył istoty ludzkie i otaczał je swoją opieką, mimo, że w niebie jest gospodarzem i towarzyszy mu wielu posłusznych aniołów. Jednak nie posiadają oni wolnej woli, koniecznej do dzielenia się miłością. Przypominają posłuszne roboty: nie czują tak, jak ludzie radości, gniewu, smutku, ani przyjemności. Z tego powodu nie potrafią kochać Boga z całego serca.

Zilustrujmy to na przykładzie dwójki dzieci wychowywanych przez matkę. Jedno z nich jest posłuszne, lecz nie wyraża żadnych emocji, ani opinii ani miłości—zupełnie jak dobrze zaprogramowana maszyna. Drugie potrafi czasem zranić, jednak wkrótce żałuje swojego zachowania, potrafi przytulić się oraz wyrazić swoje uczucia na wiele sposobów. Które z nich bardziej kocha matka? Oczywiście, że to drugie.

Przypuśćmy, że posiadamy robota, który służy nam, gotuje i sprząta w domu. Mimo to nie ważne, jak ciężko by pracował, to nie pokochamy robota bardziej od swoich dzieci i w naszych sercach nie zajmie on ich miejsca.

Podobnie jeżeli chodzi o aniołów, którzy zachowują się bardziej jak zaprogramowane roboty. Bóg preferuje istoty ludzkie, które z własnej dobrej nieprzymuszonej woli służą Mu radośnie, myślą i wyrażają emocje. Ojciec niebieski obdarowuje nas Słowem Bożym i wolną wolą, naucza co jest dobre, a co złe, opowiada, czym jest droga zbawienia i śmierć. Cierpliwie czeka, aż staniemy się jego prawdziwymi dziećmi.

Bóg sprawuje pieczę nad ludźmi z rodzicielską troską

W Księdze Rodzaju 6,5-6 jest napisane: *„A gdy Pan widział, że wielka jest złość człowieka na ziemi i że wszelkie jego myśli oraz dążenia jego serca są ustawicznie złe, Żałował Pan, że uczynił człowieka na ziemi i bolał nad tym w sercu swoim".*

Czy oznacza to, że gdy Bóg tworzył człowieka, nie wiedział co się stanie? Jako wszechmogący i wszechwiedzący niewątpliwie wiedział wszystko jeszcze przed początkiem naszych czasów. Mimo to stworzył ludzi i opiekuje się nimi duchowo.

Łatwiej jest zrozumieć tę sytuację, gdy jest się rodzicem. Ile bólu trzeba znieść podczas rodzenia dziecka i ile trudu trzeba włożyć w jego wychowanie! Gdy kobieta zachodzi w ciążę odczuwa wiele dolegliwości, takich jak nudności, które potrafią trwać przez 9 miesięcy. W trakcie rodzenia matce towarzyszy wielki ból. Aby wykarmić dzieci, ubrać, uczyć je, rodzice podejmują wielki wysiłek. Pracują ciężko od rana do wieczora, a gdy dzieci wracają późno do domu martwią się o nie. Kiedy dziecko choruje rodzice odczuwają czasem więcej bólu niż ono. Skoro rodzice napotykają tak wiele przeciwności, dlaczego w ogóle chcą mieć dzieci? Odpowiedzią jest pragnienie dzielenia się z nimi miłością i spodziewanie się, że dzieci będą kochały z całego serca również ich. Rodzice odnajdują szczęście nawet w tych wszystkich cierpieniach, przez które muszą przejść. A dzieci, jakże są piękne, gdy przypominają swoich rodziców. Jednak nie wszystkie dzieci są posłuszne swoim rodzicom. Niektóre z dzieci kochają swoich rodziców, lecz są też takie, które przysparzają im smutków.

Świadomi trudności rodzice nie postrzegają posiadania dziecka jako ból konieczny, ale podejmują ogromny wysiłek, oczekując że dzieci ku ich radości wyrosną na dobrych ludzi. Bóg wiedział, że istoty ludzkie zdolne są do nieposłuszeństwa, zepsucia i sprawiania przykrości, ale wiedział także, że pośród nich będą prawdziwe dzieci, które będą darzyły go miłością. Dlatego stworzył nas i otacza swoją opieką.

Bóg pragnie aby jego prawdziwe dzieci sławiły Go

Bóg, mimo że jest uwielbiany przez zastępy aniołów w niebiosach, troszczy się o dusze ludzi na Ziemi również dlatego, abyśmy sławili Jego imię z całego naszego serca.

W Księdze Izajasza 43,7 Pan przemawia: „*Wszystkich, którzy są nazwani moim imieniem i których ku swojej chwale stworzyłem, których ukształtowałem i uczyniłem*", a w 1 Liście do Koryntian 10,31: „*A więc: Czy jecie, czy pijecie, czy*

cokolwiek czynicie, wszystko czyńcie na chwałę Bożą".
Bóg jest pełnym miłości sprawiedliwym Stwórcą. Należy chwalić Go, ponieważ za nas poświęcił swojego jedynego Syna. Przygotował niebo i życie wieczne, oraz pragnie odwzajemniać chwałę, którą Mu ofiarowujemy.
Bóg, który duchowo opiekuje się ludźmi, pragnie być przez nich wielbiony. Dlatego chwalmy Pana i stańmy się dziećmi Bożymi, abyśmy mogli wiecznie dzielić się z Nim miłością.

Bóg oddziela ziarno od plew

Farmerzy uprawiają pola, aby plony były jak najobfitsze. Podobnie Bóg, pragnąc wiecznie dzielić się z ludźmi miłością w niebie, dba o ich kulturę duchową, aby stali się prawdziwymi dziećmi Bożymi, wielbiły Go i kochały z całego serca.

Tak jak podczas każdych zbiorów farmerzy oddzielają ziarno od plew, tak i Bóg oddzielać będzie dusze ludzkie w dniu, gdy zakończy opiekę nad nimi:

W ręku jego jest wiejadło, by oczyścić klepisko swoje, i zbierze pszenicę swoją do spichlerza, lecz plewy spali w ogniu nieugaszonym (Mat. 3,12).

Powinniśmy mocno wierzyć w Opatrzność Boską na Ziemi, ponieważ nie wiemy, kiedy Bóg obdarzy życiem wiecznym prawdziwe dzieci Boże i oddzieli je od plew, które spali w wiecznym ogniu piekielnym.

Rozważmy, kim według Boga są ludzie, których nazywa ziarnem i plewami, oraz czym są miejsca nazywane niebem i piekłem.

Ziarno i plewy

Ziarno symbolizuje osoby wierzące w Jezusa Chrystusa, które kroczą w prawdzie i dzielą się miłością z Bogiem. Osoby te są dziećmi światła, które przypominają o zapomnianym już Bogu i są mu posłuszne.

Plewy oznaczają ludzi, którzy zarówno odrzucają Jezusa Chrystusa, jak i tych, którzy tylko słowem wierzą w Boga, ale nie postępują zgodnie ze Słowem Bożym. Ludzie Ci kierują się w życiu głównie grzesznymi pragnieniami.

W Księdze 1 Tymoteusza 2,4 Bóg przedstawiony jest jako ten, *„który chce, aby wszyscy ludzie byli zbawieni i doszli do poznania prawdy"*. Jest to obraz Boga, który na wiele sposobów stara się naprowadzić nas na drogę zbawienia i pragnie abyśmy wszyscy stali się ziarnem i weszli do królestwa niebieskiego. Jakiekolwiek nie byłyby zamiary Pańskie, to posiadamy wolną wolę i zawsze znajdą się osoby, które zgrzeszą przeciw Niemu. Tacy ludzie w oczach Boga nie różnią się wiele od zwierząt, ponieważ zatracili wartości ludzkie.

Aby zapobiec gniciu ziaren, rolnicy młócą zboże, a pozostałe odpadki palą lub przeznaczają na nawóz. Podobnie Bóg nie pozwoli, aby plewy znalazły się pośród ziaren w królestwie niebieskim. Dusza ludzka, w odróżnieniu od zwierzęcej, jest nieśmiertelna, ponieważ sam Bóg tchnął ją w człowieka i nie może jej zniszczyć. Dlatego nieuniknione jest zgromadzenie przez Boga dobrych dusz w niebie, aby cieszyły się życiem wiecznym, a z drugiej strony, zsyłanie dusz grzeszników na wieczne potępienie w piekle. Stale powinniśmy o tym pamiętać, aby nigdy nie zostać strąconymi w ogień piekielny.

Piękno nieba i groza piekła

Niebo swoim pięknem nie przypomina niczego, co istnieje na Ziemi. Na świecie kwiaty obumierają bardzo szybko, natomiast w niebie są wieczne, tak jak wszystko inne. Drogi zbudowane są z czystego złota, rzeka życia mieni się jak kryształ, a domy ozdobione są olśniewającymi klejnotami. Niebo zapiera dech w piersiach. (Aby uzyskać więcej informacji na ten temat, sięgnij po książkę *Niebo I* i *Niebo II*).

Po przeciwnej stronie jest piekło *„gdzie robak ich nie umiera, a ogień nie gaśnie. Albowiem każdy ogniem będzie osolony"* (Mar. 9,48-49). W piekle znajduje się jezioro z ognia i siarki siedem razy gorętsze od jeziora ognistego (Obj. 20,10,15), gdzie upadłe dusze płoną na wieki. Jak straszliwie i przerażające musi być tam życie! (Aby uzyskać więcej informacji na ten temat, sięgnij po książkę *Piekło*)

Dlatego Jezus w Księdze Marka 9,43 powiedział: *„A jeśli cię gorszy ręka twoja, odetnij ją; lepiej jest dla ciebie wejść kaleką do żywota, niż mieć dwoje rąk, a pójść do piekła, w ogień nieugaszony"*.

Dlaczego miłościwy Bóg stworzył przepiękne niebo i pełne

grozy piekło? Piekło powstało z miłości Boga do ludzi, który chce dla nas jak najlepiej. Stworzono je, aby uchronić przed cierpieniem dusze dobre, które kochają Pana.

Sąd Boży

Tak jak każdego roku rolnik sieje ziarno, żeby później zebrać plony, tak Bóg opiekuje się i dba o dusze ludzkie od czasów wypędzenia Adama z Edenu do czasu ponownego przyjścia Jezusa Chrystusa.

Bóg okazał swoją dobrą wolę praojcom wiary takim jak Noe, Abraham, Mojżesz, Jan Chrzciciel, Piotr czy Apostoł Paweł. Nadal każdego dnia, z pomocą pastorów i pracowników, troszczy się o dusze ludzkie. Jednak tak jak każdy początek ma swój koniec, tak nieunikniony jest sąd Boży.

W Księdze 2 Piotra 3,8 jest napisane: *„Niech to jedno, umiłowani, nie uchodzi uwagi waszej, że u Pana jeden dzień jest jak tysiąc lat, a tysiąc lat jak jeden dzień"*. Bóg odpoczął siódmego dnia tworzenia. Z tą datą związane jest nadejście Chrystusa oraz nowy okres pokoju, szczęścia i dobrobytu. Po sześciu tysiącach lat, licząc od daty wypędzenia Adama z raju, nastąpi czas szabasu. Będzie to dzień Sądu Bożego, podczas którego dusze trafią do piekła lub do nieba.

Dlatego modlę się w imieniu Pana naszego, Jezusa Chrystusa, abyśmy rozumieli Opatrzność Bożą, głęboką miłość, którą Bóg nas otacza, żyli pobożnie i z radością chwali Pana w nadziei na zbawienie.

Rozdział 3

DRZEWO POZNANIA DOBRA I ZŁA

- Adam i Ewa w Edenie
- Wolna wola Adama i jego nieposłuszeństwo
- Zapłatą z grzech jest śmierć
- Dlaczego Bóg umieścił w Edenie drzewo poznania dobra i zła?

PRZESŁANIE KRZYŻA

„I wziął Pan Bóg człowieka i osadził go w ogrodzie Eden, aby go uprawiał i strzegł. I dał Pan Bóg człowiekowi taki rozkaz: Z każdego drzewa tego ogrodu możesz jeść. Ale z drzewa poznania dobra i zła nie wolno ci jeść, bo gdy tylko zjesz z niego, na pewno umrzesz".

Księga Rodzaju 2,15-17

Osoby niewierzące w miłość i opatrzność Bożą mogą zapytać: „Dlaczego Bóg umieścił w rajskim ogrodzie drzewo poznania dobra i zła?", „Dlaczego pozwolił, aby pierwszy człowiek zgrzeszył?". Uważają, że w Edenie mogliśmy prowadzić wieczne i szczęśliwe życie, gdyby nie umieszczone przez Boga drzewo poznania dobra i zła.

Niektórzy z nich rozumują w ten sposób: „Bóg mógł nie przewidzieć, że Adam zje jabłko z drzewa poznania dobra i zła". Zapominają jednak o wszechmocy i wszechwiedzy Boga. Czy Bóg umieścił drzewo pośrodku ogrodu rajskiego, nie spodziewając się przyszłego nieposłuszeństwa Adama? Czy też umieścił je celowo i poprowadził człowieka na śmierć? Żadne z tych pytań nie jest właściwe.

Dlaczego więc Bóg umieścił drzewo poznania dobra i zła pośrodku Edenu? Dlaczego Adam nie posłuchał Boga i wpadł w sidła śmierci?

Adam i Ewa w Edenie

„Ukształtował Pan Bóg człowieka z prochu ziemi i tchnął w nozdrza jego dech życia. Wtedy stał się człowiek istotą żywą" (Ks. Rodz. 2,7). Istota, która żyje jest istotą duchową i jak

noworodek nie posiada żadnej wiedzy w chwili przyjścia na świat. Posiada natomiast mózg, widzi, słyszy, zapamiętuje i uczy się. Na początku jego zachowania są instynktowne. Pierwszy człowiek Adam również nie posiadał mądrości duchowej ani wiedzy.

Bóg przekazał Adamowi wiedzę życia

Bóg stworzył ogród na wschodzie - ogród Edenu i tam nakazał Adamowi zamieszkać. Pan przechadzał się z Adamem i osobiście przekazał mu wiedzę i prawdy życia tak, aby Adam mógł władać ogrodem.

W Księdze Rodzaju 2,19 jest napisane: *„Utworzył więc Pan Bóg z ziemi wszelkie dzikie zwierzęta i wszelkie ptactwo niebios i przyprowadził do człowieka, aby zobaczyć, jak je nazwie, a każda istota żywa miała mieć taką nazwę, jaką nada jej człowiek".* Adam otrzymał wiedzę o życiu, umożliwiającą panowanie nad wszystkim zwierzętami.

Bogu nie podobało się, że Adam jest samotny, dlatego gdy ten zasnął, wyjął jedno z jego żeber i wypełnił to miejsce ciałem. Z wyjętego żebra ukształtował kobietę i przyprowadził ją do Adama. Następnie sprawił, że mąż złączył się ze swoją żoną i stali się jednym ciałem. (Ks. Rodz. 2,20-24)

Stało się tak nie dlatego, że Adam poczuł się samotny, a Bóg doświadczał samotności przez długi czas i wiedział jak potrafi doskwierać. Bóg, wiedząc co się wydarzy, kierowany Boską miłością oraz miłosierdziem, stworzył dla Adama pomocniczkę oraz błogosławił im jako mężowi i żonie, aby żyli ze sobą w zgodzie i zaludniali ziemię.

Czas życia Adama w ogrodzie Eden

Jak długo Adam z Ewą żyli w ogrodzie Eden? Biblia nie podaje szczegółów, jednak żyli dłużej niż się moglibyśmy się spodziewać.

W Biblii odnajdujemy tylko szczątkowe informacje na ten temat, dlatego wiele osób sądzi, że zakazany owoc został zjedzony wkrótce po tym, jak Bóg umieścił Adama w raju. Niektórzy pytają: „Skoro według Biblii historia ludzkości ma sześć tysięcy lat, to jak możemy wytłumaczyć fakt, że wiele ze skamielin datuje się na kilkadziesiąt tysięcy lat wstecz?"
Historia kultury duchowej człowieka według Biblii trwa od 6000 lat. Zaczyna się od czasów wyrzucenia Adama i Ewy z Edenu. Nie obejmuje jednak okresu, w którym oboje zamieszkiwali rajski ogród. W miarę upływu czasu na ziemi miały miejsce olbrzymie zmiany geologiczne i geograficzne. Oddziaływanie na siebie płyt tektonicznych, kilka cykli biologicznej reprodukcji, wymieranie gatunków. Fakty te zostały omówione w rozdziale pierwszym.
Zanim pobłogosławiony przez Boga Adam i jego żona (Ks. Rodz. 1,28) zostali przepędzeni z raju, przez wiele czasu Adam chodził po ogrodzie w towarzystwie Boga. Ewa urodziła dzieci i Eden zaludnił się. Z mocy nadania mu władzy przez Pana, Adam władał całą Ziemią i czynił ją sobie poddaną.

Wolna wola Adama i jego nieposłuszeństwo

Bóg obdarzył Adama i Ewę wolną wolą oraz pozwolił im czerpać z bogactwa Edenu i cieszyć się nim. Jednego tylko zakazał Bóg, aby nie spożywali owoców drzewa poznania dobra i zła. Adam znał Boży zakaz i nie zjadłby zakazanego owocu, gdyby tylko rozumiał zamiary Boga i kochał go szczerze. Jednak tak nie było i Adam sprzeciwił się Bogu.

Bóg umieścił drzewo poznania dobra i zła w ogrodzie Eden oraz ustanowił ścisłe prawa obowiązujące między Bogiem a człowiekiem. Ich przestrzeganie pozostawił wolnej woli mieszkańców Edenu, ponieważ pragnął, aby jego dzieci były mu posłuszne i kochały go z całego serca.

Adam lekceważy Słowo Boże

W Biblii natkniemy się na wiele fragmentów, w których Bóg błogosławi ludziom posłusznym i zwracającym szczególną uwagę na Jego słowo (Ks. Powt. Pr. 15,4-6, 28,1-14). Kto jednak zdoła być posłusznym wszystkim jego zaleceniom? Istnieje wyjątkowo niewiele takich ludzi, jak ukazuje sama Biblia.

Adam, który był pierwszym człowiekiem, został poinformowany przez Boga o dobrach i życiu wiecznym, które otrzyma, jeśli będzie posłuszny Bogu. Został również ostrzeżony, aby nie spożywać owoców z drzewa poznania dobra i zła.

Adam i Ewa zlekceważyli jednak zakaz Boga i spożyli

zakazany owoc. Od samego początku powstania duchowych istot, jakimi są ludzie, szatan stara się zniweczyć plany Boga wobec człowieka. Pod postacią węża, który jest najprzebieglejszym ze wszystkich zwierząt, udaje mu się skusić Adama i Ewę, którzy ostatecznie łamią zakaz (Ks. Rodz. 3,1). Jak to możliwe, że istota duchowa, jaką był Adam sprzeciwiła się Bogu, który nauczał go tylko prawdy?

W Księdze Rodzaju 2,15 dowiadujemy się, że Adam został wyznaczony jako opiekun ogrodu Eden. Miał za zadanie zarządzać i strzec go przed złem i szatanem. Jednak temu ostatniemu udało się opanować węża i pod jego postacią skusić Adama i Ewę. Jak to możliwe?

Szatan jest złym, nieposiadającym żadnej formy duchem, który ma władzę nad królestwem powietrza. W Księdze Efezjan 2,2 szatan określony jest jako „władca, którzy rządzi w powietrzu, duch, który teraz działa w synach opornych".

Ponieważ Szatan jest jak niewidzialne fale radiowe, udało mu się przejąć kontrolę nad wężem i skusić Adama i Ewę. Zauważmy, że w Księdze Rodzaju, pod koniec każdego dnia stworzenia powtórzony zostaje zwrot „Bóg widział, że były dobre". Wyrażenie to nie pojawia się pod koniec drugiego dnia, w którym powstają przestworza.

Powróćmy do Księgi Efezjan 2,2, w której jest napisane: *„w których niegdyś chodziliście według mody tego świata, naśladując władcę, który rządzi w powietrzu, ducha, który teraz działa w synach opornych"*. Bóg przewidział, że złe duchy będą panowały w królestwie powietrza.

Ewa ulega pokusie węża

W jaki sposób wężowi, który jest gadem, udało się skusić Ewę i namówić do nieposłuszeństwa wobec Boga?

W ogrodzie Eden ludzie mogli porozumiewać się ze wszystkimi żywymi istotami: kwiatami, drzewami, ptakami, zwierzętami oraz wszelkimi innymi stworzeniami, stąd Ewa mogła rozmawiać również z wężem. W przeciwieństwie do czasów obecnych, ludzie współżyli z tymi gadami i kochali je. Z wyglądu były obłe i gładkie, a z charakteru mądre, dlatego Ewa je lubiła i mogła liczyć na wzajemność. Podobnie jak psy, które wolimy bardziej od innych zwierząt, ponieważ są mądrzejsze i bardziej posłuszne.

Obecnie nie lubimy węży, ponieważ są „obrzydliwe, śliskie i jadowite". Niemal instynktownie boimy się węży ponieważ to one zwiodły pierwszych ludzi - Adama i Ewę oraz pchnęły ich w sidła śmierci, namawiając do nieposłuszeństwa.

Aby lepiej zrozumieć naturę węża, należy poznać właściwości gruntu, z którego został stworzony. Każda ziemia zawiera różne rodzaje czynników glebotwórczych. W zależności od klimatu, ilości wody oraz organizmów żywych może być żyzna lub nieurodzajna. Kształtując zwierzęta, Bóg dobierał do każdego z nich inny rodzaj gleby (Ks. Rodz. 2,19).

Pierwotną cechą węża nie była przebiegłość, tylko mądrość. Był on na tyle mądry, by być kochanym przez ludzi. Przebiegły stał się dopiero gdy dotknęła go zła moc szatana. Gdyby nie ona, wąż byłby dobrym i mądrym zwierzęciem. Jednak posłuchał głosu szatana i stał się na tyle chytry, by oszukać Ewę i ostatecznie doprowadzić ją do śmierci.

Ewa zmienia znaczenie Słów Bożych

Wąż dobrze wiedział, co Bóg nakazał Adamowi: *„A przy tym Pan Bóg dał człowiekowi taki rozkaz: Z wszelkiego drzewa tego ogrodu możesz spożywać według upodobania; ale z drzewa poznania dobra i zła nie wolno ci jeść, bo gdy z niego spożyjesz, niechybnie umrzesz"* (Ks. Rodz. 2,16-17). Jednak wąż chytrze zapytał Ewę: *„Czy rzeczywiście Bóg powiedział: Nie jedzcie owoców ze wszystkich drzew tego ogrodu?"* (wers 1)
Co odpowiedziała Ewa?

Owoce z drzew tego ogrodu jeść możemy, tylko o owocach z drzewa, które jest w środku ogrodu, Bóg powiedział: Nie wolno wam jeść z niego, a nawet go dotykać, abyście nie pomarli (Ks. Rodz. 3,2-3).

Bóg jasno ostrzegła Adama: *„Ale z drzewa poznania dobra i zła nie wolno ci jeść, bo gdy z niego spożyjesz, niechybnie umrzesz"* (Ks. Rodz. 2,17). Bóg wyraźnie podkreślił, że śmierć jest niechybna, jeśli owoc z drzewa zostanie zjedzony. Odpowiedź Ewy nie była jednak już tak oczywista, ponieważ pominęła słowo niechybnie i powiedziała tylko „abyście nie pomarli". Znaczenie jej odpowiedź było bliskie stwierdzeniu: „Jeśli zjesz owoc zakazany, to możesz umrzeć".

Powątpiewała trochę w to, co powiedział Bóg i nie pamiętała, co dokładnie powiedział. Gdy tylko wąż usłyszał wątpliwość w jej głosie, zaczął kusić ją jeszcze bardziej. Przeinaczył nawet słowa Boga mówiąc: „Na pewno nie umrzecie!". Zaczął dalej kłamać i zachęcać Ewę: „*Ale wie Bóg, że gdy spożyjecie owoc z tego drzewa, otworzą się wam oczy i tak jak Bóg będziecie znali dobro i zło*" (Ks. Rodz. 3,5). I tak kusił Ewę dalej, coraz bardziej rozbudzając jej ciekawość.

Ewa zgrzeszyła z własnej wolnej woli

Wykorzystując zwątpienie Ewy, Szatan zasiał w jej myślach pragnienie poznania dobra i zła. Od tej chwili drzewo stojące pośrodku Edenu wydawało się jej zupełnie inne, od tego, które dotychczas znała. W Księdze Rodzaju 3,6 jest napisane: „*A gdy kobieta zobaczyła, że drzewo to ma owoce dobre do jedzenia i że były miłe dla oczu, i godne pożądania dla zdobycia mądrości, zerwała z niego owoc i jadła. Dała też mężowi swemu, który był z nią, i on też jadł*".

Ewa powinna była stanowczo i w całości odrzucić pokusę. To grzeszne pragnienie, pożądanie w jej oczach oraz duma życia doprowadziły ją do grzechu nieposłuszeństwa.

Pojawiają się też pytania „Czy Adam i Ewa zjedli owoc z drzewa poznania dobra i zła dlatego, że z natury byli grzeszni?" Nie byli źli z natury. Zanim popełnili grzech nieposłuszeństwa mieli dobre serca. Obydwoje mieli wolną wolę i mogli podjąć dowolną decyzję.

W miarę upływu czasu coraz mniej wierzyli w polecenie Boga, zaś szatan pod postacią węża kusił ich. W końcu ulegli jego namowom i zgrzeszyli, a ustanowiony przez Boga porządek

został zburzony.
Podobnie jest z dziećmi wychowanymi w złym środowisku. Nawet złośliwe dziecko nie zawsze jest złe i niegodziwe od urodzenia. Na początku naśladuje ordynarne słowa innych dzieci lub miota przekleństwami, których znaczenia nawet nie zna, albo zaprzyjaźnia się z chłopakiem, którego cieszy bicie innych oraz przyglądanie się im jak płaczą, i po jakimś czasie sam zaczyna bić rówieśników. W ten sposób rodzi się w nim zło.
Adam także nie był zły z natury. Zło i grzech narodziły się w nim, gdy sprzeciwił się woli Boga i spożył owoc z drzewa.

Zapłatą z grzech jest śmierć

Bóg przykazał Adamowi: „ale z drzewa poznania dobra i zła nie wolno ci jeść, bo gdy tylko zjesz z niego, na pewno umrzesz". Adam i Ewa poznali, czym jest śmierć po zjedzeniu owocu. W Liście do Jakuba 1,15 jest napisane: *„Potem, gdy pożądliwość pocznie, rodzi grzech, a gdy grzech dojrzeje, rodzi śmierć".*
List do Rzymian 6,23 wyjaśnia prawo duchowego świata i konsekwencje grzechu: *„zapłatą za grzech jest śmierć".* Adam i Ewa doświadczyli śmierci, która była rezultatem ich nieposłuszeństwa.

Śmierć ich dusz

Bóg wyjaśnił Adamowi: „ale z drzewa poznania dobra i zła nie wolno ci jeść, bo gdy z niego spożyjesz, niechybnie umrzesz".

Jednak nie umarli zaraz po nieposłuszeństwie Bogu. Żyli długo i mieli liczne potomstwo. Czym była „śmierć", przed którą ostrzegał Pan?

Nie miał na myśli śmierci cielesnej, lecz śmierć duchową. Duch, który komunikuje się z Bogiem znajduje się w każdej osobie. Każdy z nas posiada duszę, która jest sługą ducha oraz ciało, w którym dusza wraz z duchem mieszkają. W 1 Liście do Tesaloniczan 5,23 jest napisane, że człowiek składa się z ducha, z duszy i z ciała. Kiedy Adam i Ewa sprzeciwili się woli Boga, ich duch, który jest panem człowieka, umarł.

Bóg Święty jest bez winy i nie można mu nic zarzucić. Zamieszkuje niedostępną światłość, więc grzesznicy nie mogą do niego dołączyć. Z powodu grzechu Adam nie mógł już więcej rozmawiać z Bogiem, ponieważ jego duch umarł.

Początek żmudnego życia

Ogród Eden był bardzo bogatym i pięknym miejscem, gdzie nie istniało zmartwienie oraz lęk, a Adam i Ewa mogli żyć wiecznie, posilając się pokarm z drzewa życia. Z powodu grzechu zostali jednak wypędzeni z ogrodu. Od tego czasu zaczęli napotykać kłopoty i nękała ich bieda.

Kobieta doświadcza więcej bólu w okresie ciąży. Pragnie swego męża, a mąż ma nad nią władzę. Aby zdobyć pożywienie, człowiek musi w ciągu całego swojego życia w trudzie i znoju uprawiać ziemię (Ks. Rodz. 3,16-17).

W Księdze Rodzaju 3,18-19 Bóg przemawia do Adama: *„ciernie i osty rodzić ci będzie i żywić się będziesz zielem* *polnym. W pocie oblicza twego będziesz jadł chleb, aż wrócisz do ziemi, z której zostałeś wzięty; bo prochem jesteś i w proch się obrócisz".* Stwórca daje do zrozumienia, że człowiek musi z powrotem obrócić się w pył.

Ponieważ Adam był przodkiem całej ludzkości, który popełnił grzech nieposłuszeństwa i którego duch umarł, wszyscy jego potomkowie rodzą się grzesznikami i muszą umrzeć. List do Rzymian 5,12 zawiera wers mówiący o nieprzemijającym dziedzictwie Adama: „przeto jak przez jednego człowieka grzech wszedł na świat, a przez grzech śmierć, tak i na wszystkich ludzi śmierć przyszła, bo wszyscy zgrzeszyli".

Wszyscy rodzimy się z grzechem pierworodnym

Bóg pozwala ludziom być owocnymi i zwiększać populację dzięki nasieniu życia, które ofiaruje podczas stworzenia. Człowiek powstaje w momencie połączenia się nasienia i komórki jajowej, którymi Bóg obdarza kobietę i mężczyznę. Ponieważ zarówno nasienie, jak i komórka jajowa pochodzą od obydwojga rodziców, urodzone dziecko posiada podobne cechy wyglądu, charakteru, gustów, nawyków, stylu poruszania się, co rodzice.

Od czasów popełnienia grzechu przez Adama, jego grzeszna natura przekazywana jest wszystkim jego potomkom. Nazywamy ją „grzechem pierworodnym". Mówi się, że potomkowie Adama rodzą się z grzechem pierworodnym, dlatego wszyscy ludzie bez wyjątku są grzesznikami.

Niektóre osoby niewierzące skarżą się: „Dlaczego u licha

jestem grzesznikiem? Przecież nie zgrzeszyłem". Inni z kolei pytają: „Jak to możliwe, że grzech Adama przechodzi na mnie?" Wyjaśnię to na przykładzie dziecka. Karmiąca matka ma niespełna roczne dziecko. Gdy karmi piersią inne dziecko, widząc to pierwszy maluch prawdopodobnie zdenerwuje się i będzie próbował odepchnąć swojego rywala. Jeśli matka nie przestanie karmić i dziecko nadal będzie ssało pierś, to zazdrosny maluch może potrącić lub uderzyć matkę oraz karmioną pociechę. Jeśli matka będzie kontynuowała karmienie obcego dziecka, jej własne może się rozpłakać.

Mimo, że nikt nie nauczył malca zazdrości, nienawiści, chciwości lub bicia, dziecko posiada złe cechy charakteru już od urodzenia. Fakt ten wyjaśnia, dlaczego ludzie rodzą się z grzechem pierworodnym, który jest dziedziczony po rodzicach.

Jak wiele jeszcze grzeszymy w ciągu swojego życia? Musimy pamiętać, że przed Bogiem, który jest światłem, grzechem jest zarówno zły czyn, jak i każda grzeszna myśl. Dostrzega on i obserwuje zło w umysłach ludzi - nienawiść, chciwość, potępianie oraz wiele innych.

Biblia mówi nam, że z uczynków prawa żaden człowiek nie może dostąpić usprawiedliwienia—w oczach Boga wszyscy zgrzeszyli i pozbawieni są chwały Bożej (Rz. 3,20.23).

Nie tylko człowiek ale i wszystkie rzeczy zostały przeklęte

Wraz z grzechem i przekleństwem Adama, który był panem wszystkiego, przeklęte zostały ziemia oraz wszystkie żywe istoty na ziemi i w powietrzu. Pojawiły się szkodniki oraz przenoszące choroby muchy i komary.

Na ziemi pojawiły się chwasty, a człowiek, aby jeść, musiał pracować w pocie czoła. Z powodu przekleństwa ludzkość musi stawiać czoła łzom, smutkowi, bólowi, chorobom i innym nieszczęściom.

W Liście do Rzymian 8,20-22 jest napisane: „*Stworzenie bowiem zostało poddane marności - nie z własnej chęci, ale ze względu na Tego, który je poddał - w nadziei, że również i ono zostanie wyzwolone z niewoli zepsucia, by uczestniczyć w wolności i chwale dzieci Bożych. Wiemy przecież, że całe stworzenie aż dotąd jęczy i wzdycha w bólach rodzenia"*.

Jakie przekleństwo spadło na węża? W Księdze Rodzaju 3,14 Bóg powiedział do węża-kusiciela: „*Ponieważ to uczyniłeś, bądź przeklęty wśród wszystkich zwierząt domowych i polnych; na brzuchu będziesz się czołgał i proch będziesz jadł po wszystkie dni twego istnienia"*. Jak wiemy, węże zamiast prochu żywią się ptactwem, żabami, myszami lub owadami. Jak powinniśmy interpretować słowa: „(...) i proch będziesz jadł po wszystkie dni twego istnienia"?

Proch symbolizuje „człowieka z prochu ziemi" (Ks. Rodz. 2,7) a ‚wąż' zło i szatana (Obj. 20,2). „(...) proch będziesz jadł po wszystkie dni twego istnienia" oznacza pożeranie ludzi, którzy nie żyją według Słowa Bożego, lecz kroczą w ciemności.

Nawet dzieci Boże, gdy sprzeciwiają się Bogu, napotykają na problemy oraz trudności, które sprowadza szatan. W dzisiejszych czasach szatan krąży jak ryczący lew szukając, aby kogoś pochłonąć (1 Piotr. 5,8). Gdy kogoś znajdzie, zniewala grzechem i sprowadza na drogę wiodącą ku śmierci. Jeśli nadarza się okazja, kusi także dzieci Boże.

Zwłaszcza te osoby, które mówią „wierzę w Boga", ale tak naprawdę nie są przekonane do Słowa Bożego, kuszone są przez szatana oraz sprowadzane na drogę wiodącą ku śmierci. Podobnie jak wtedy, kiedy Ewę kusił wąż, który był jednym z jej ulubionych zwierząt, tak i teraz najczęściej pokusa odbywa się przez najbliższych przyjaciół, krewnych lub życiowego partnera.

Na przykład partner lub przyjaciel pyta: „Po co dodatkowo chodzisz do kościoła w tygodniu? Czy nie wystarczy, że chodzisz na mszę w niedzielę?" lub „Czy musisz codzienne być taki zapracowany?", „Skoro wszechpotężny i wszechwiedzący Bób widzi i zna nasze serca, to przecież nie musimy modlić się na głos?"

Bóg przykazał nam święcić dzień Szabatu (Ks. Wyj. 20,8), tworzyć wspólnotę w imię Pana (Hebr. 10,25), wołać w modlitwie do Pana (Jer. 33,3). Osoby, które całkowicie przyjmują słowo Boże, są bezpieczne od pokus szatana i grzechu (Mat. 7,24-25).

Musimy wyposażyć się w słowo prawdy Bożej i przy pomocy wiary z odwagą wypędzać zło i szatana tak, jak napisane jest w Liście do Efezjan 6,11: „Przywdziejcie całą zbroję Bożą, abyście mogli ostać się przed zasadzkami diabelskimi".

Dlaczego Bóg umieścił w Edenie drzewo poznania dobra i zła?

Drzewo poznania dobra i zła nie zostało umieszczone w rajskim ogrodzie, aby doprowadzić ludzi do zagłady, lecz aby dać im prawdziwe szczęście. Nie zdając sobie sprawy z Boskiego planu, wielu ludzi mylnie rozumie miłość i sprawiedliwość Bożą lub zupełnie porzuca wiarę. Ich życie staje się monotonne i szare, ponieważ nie szukają jego prawdziwej przyczyny.

W takim razie, dlaczego Bóg umieścił drzewo poznania dobra i zła w ogrodzie Eden i dlaczego dzięki niemu otrzymaliśmy wiele błogosławieństw?

Adam i Ewa nie znali prawdziwego szczęścia

Bogactwo i piękno Edenu jest dla nas niewyobrażalne. Bóg sprawił, że z ziemi wyrastały różne gatunki drzew, cieszyły oczy i były źródłem smacznego pożywienia. A po środku rajskiego ogrodu rosło drzewo życia oraz drzewo poznania dobra i zła.

Dlaczego Bóg sprawił, że w dobrze widocznym miejscu Edenu, w samym jego centrum, obok siebie rosły drzewo życia oraz drzewa poznania dobra i zła? Bóg nigdy nie zamierzał doprowadzić ludzi do zagłady, kusząc ich rosnącymi na drzewie owocami. Celem Boga było, abyśmy poprzez drzewo poznania dobra i zła zrozumieli pojęcie względności i stali się prawdziwymi dziećmi duchowymi, które czują Jego miłość.

Gdy ludzie płaczą, żalą się, chorują lub cierpią z powodu biedy, nieraz muszą zastanawiać się, jak dobrze musiało być

Adamowi i Ewie, którzy radośnie żyli bez tych wszystkich nieszczęść istniejących obecnie na Ziemi. Jednak mieszkańcy ogrodu Eden nie znali ani prawdziwego szczęścia, ani miłości, ponieważ nie znali pojęcia względności. Rozważmy przykład dwóch chłopców. Pierwszy z nich urodził się i dorastał w biedzie, a drugi od samego początku cieszył się bogactwem. Jak każdy z nich zareaguje, jeśli obydwu damy w prezencie drogą zabawkę? Chłopiec, którego zawsze otaczał przepych nie będzie wdzięczny, ponieważ nie doceni wartości zabawki. Z drugiej strony chłopiec wychowywany w ubóstwie będzie promieniował wdzięcznością, uważając zabawkę za bardzo cenną.

Prawdziwe szczęście jest względne

Osoby, które doświadczają zdarzeń o różnym nasileniu, czy to w zakresie bogactwa czy wolności wiedzą, czym jest prawdziwe szczęście i prawdziwa wolność. W przeciwieństwie do ogrodu Eden, w naszym świecie istnieje wiele względnych punktów widzenia. Jeśli chcemy poznać i cieszyć się prawdziwą wartością czegokolwiek, powinniśmy doświadczyć jak relatywne może to być. Nie zdamy sobie sprawy z prawdziwej wartości, dopóki nie doświadczymy całkowitego jej przeciwieństwa.

Na przykład, jeśli chcielibyśmy poznać prawdziwe szczęście, powinniśmy doświadczyć nieszczęścia. Jeśli chcielibyśmy docenić prawdziwą miłość, powinniśmy doświadczyć nienawiści. Nie zdamy sobie sprawy z prawdziwej wartości z życia wiecznego i nie będziemy wdzięczni Bogu Ojcu za niebo, które nam przygotował, dopóki nie zrozumiemy w pełni, że śmierć oraz piekło rzeczywiście istnieją.

Pierwszy człowiek Adam mógł spożywać, co tylko zapragnął. Miał władzę, aby zarządzać wszystkimi żywymi istotami w ogrodzie Eden. To wszystko posiadł bez najmniejszego wysiłku. Z tego powodu nie odczuwał wdzięczności w stosunku do Boga, który mu to wszystko podarował. Nie znał zarówno Jego łaski, jak i miłości.

Zjadając owoc, Adam sprzeciwił się nakazowi Boga. Od tej chwili jego duch umarł, a on stał się człowiekiem z krwi i kości. Wraz ze swoją żoną został wypędzony z ogrodu Eden i osiedlił się na Ziemi. Adam poznawał cierpienia, jakich dotąd nie znał: smutek, choroby, ból, nieszczęście, śmierć i wiele innych. Były to doświadczenia wprost przeciwne do tych, znanych mu z ogrodu Eden.

W ten sposób Adam i Ewa zrozumieli oraz poczuli różnicę między szczęściem oraz nieszczęściem. Zaczęli doceniać wolność i bogactwo, które gwarantował stworzony przez Boga ogród Eden.

Bez wiedzy o szczęściu i nieszczęściu życie, choćby nie wiadomo jak długie, może stracić swe znaczenie. Natomiast, stanie się o wiele bardziej wartościowe, jeśli poznamy prawdziwe szczęście poprzez początkowe doświadczanie wielu trudności.

Mimo, że rodzice wiedzą o trudnościach i bólu, jakich może przysporzyć nauka, nadal posyłają swoje dzieci do szkoły. Chętnie pomogą im w nauce i zdobywaniu nowych doświadczeń, jeśli je kochają. Podobnie ma się sprawa z miłością Pana Boga, który stworzył na Ziemi ludzi. Poprzez różne doświadczenia opiekuje się nami, ponieważ jesteśmy Jego prawdziwymi dziećmi.

Z tego samego powodu Bóg umieścił w ogrodzie Eden drzewo poznania dobra i zła oraz nie powstrzymywał Adama i Ewy przed zjedzeniem owocu. Ludzi mieli wolny wybór. Bóg zaplanował wszystko od samego początku, dzięki czemu na Ziemi możemy doświadczać wielu rozmaitych emocji, takich jak radość, smutek, ból oraz przyjemność. Pragnął, abyśmy poprzez rozwój duchowy stali się jego prawdziwymi dziećmi.

Poprzez bolesne doświadczenia Adam i Ewa ostatecznie pojęli w całości wartość i znaczenie wszystkich uczuć po kolei.

Odtąd niezależnie od upływu czasu dzieci Boże nie sprzeciwią się Bogu, tak jak w Edenie zrobili to Adam i Ewa, ponieważ w głębi ducha i serca czują prawdziwe szczęście, i znają jego wartość.

Pełnia szczęścia w niebie

Dzieci Boże, które doświadczyły na świecie smutku, bólu, chorób, widziały śmierć i wiele innych nieszczęść, wejdą do nieba i będą wiecznie kochane, radosne i wdzięczne. Będą cieszyły się doskonałym szczęściem w niebie.

W królestwie niebieskim, w przeciwieństwie do świata ludzkiego, gdzie wszystko ulega rozpadowi i śmierci, nikt nie umiera, nie płacze, nie smuci się ani nic nie gnije. Drogi Nowej Jerozolimy zrobione są z czystego złota, uważanego za najcenniejsze na świecie, a domy z cudownych i wartościowych klejnotów. Są olśniewające!

Dopóki nie poznałem Boga, uważałem złoto i klejnoty za najcenniejsze, jednak gdy dowiedziałem się o królestwie niebieskim, zacząłem uważać wszystko, co przyziemne za próżne i pozbawione wartości. Nasza egzystencja na Ziemi jest zaledwie krótką chwilą w porównaniu do życia w niebie. Gdy nasza wiara w królestwo niebieskie i nadzieja na wejście do niego będą wystarczająco silne, to nigdy nie pokochamy tego świata. Będziemy się ciągle zastanawiać, co powinniśmy i możemy zrobić aby ocalić jeszcze jedna osobę lub jak możemy wspomóc ewangelizację ludzi na całym świecie. Będziemy gromadzić skarby w niebie z całego serca ofiarując to, co najlepsze Bogu, nie podejmując prób gromadzenia bogactw na Ziemi.

Apostoł Paweł żył z wdzięcznością i radością aż do swojej śmierci, ponieważ w wizji przedstawionej mu przez Boga ujrzał trzecie niebo. Będąc apostołem pogan, musiał przezwyciężyć olbrzymie trudności. Bito go kijami, bezlitośnie chłostano, rzucano w niego kamieniami i często wtrącano do lochów. Przelewał swoją krew głosząc ewangelię Pana. Wiedział, że wszystkie cierpienia zostaną sowicie wynagrodzone w niebie, którego piękno pokazał mu Bóg, zachęcając go, aby wytrwał w wierze i zachował nadzieję. Ostatecznie za wszystkie swoje trudy otrzymał krocie błogosławieństw w niebie.

Święci nie liczą na nagrody na tym świecie. Pragną jedynie dostać się do królestwa Bożego. Życie na świecie w oczach Boga trwa krótką chwilę, w przeciwieństwie do wiecznego życia w królestwie niebieskim. W niebie nie istnieją łzy, smutek, cierpienie czy śmierć. Święci mogą zawsze żyć wiecznie w oczekiwaniu na wielkie nagrody Pana w niebie zgodne z tym, na co zasłużyli.

Dlatego modlę się w imię Pana naszego, Jezusa Chrystusa, abyśmy zrozumieli wielką miłość i opatrzność Boga Stwórcy oraz przygotowywali się do wejścia do królestwa niebieskiego, w którym będziemy cieszyć się życiem wiecznym i szczęściem w oszałamiająco pięknym i wielkim niebie.

Rozdział 4

TAJEMNICA SPRZED POCZĄTKU CZASÓW

- Oddanie władzy Adama w ręce szatana
- Prawo odkupienia ziemi
- Tajemnica sprzed początku czasów
- Jezus jest wybrańcem na mocy prawa

PRZESŁANIE KRZYŻA

„*My tedy głosimy mądrość wśród doskonałych, lecz nie mądrość tego świata ani władców tego świata, którzy giną; Ale głosimy mądrość Bożą tajemną, zakrytą, którą Bóg przed wiekami przeznaczył ku chwale naszej, której żaden z władców tego świata nie poznał, bo gdyby poznali, nie byliby Pana chwały ukrzyżowali*".

1 List do Koryntian 2,6-8

Zamieszkujący rajski ogród Adam i Ewa ulegli pokusom węża. Spożywając owoc z drzewa poznania dobra i zła, złamali zakaz Boga, ponieważ pragnęli stać się tacy, jak On. W konsekwencji wszyscy ich potomkowie stali się grzesznikami. Z perspektywy istoty ludzkiej Adam i Ewa musieli być bardzo nieszczęśliwi po wypędzeniu z ogrodu Eden i staniu się śmiertelnymi. Jednak z duchowego punktu widzenia było to wyjątkowe błogosławieństwo Boga, ponieważ poznali radość, którą będą mogli odczuwać w chwili zbawienia, gdy dostąpią życia wiecznego, lub otrzymają błogosławieństwa od Jezusa Chrystusa.

Dzięki duchowemu rozwojowi człowieka, tajemnica sprzed początków powstania czasu została ujawniona, a drzwi do zbawienia stoją szeroko otwarte dla wszystkich narodów. Przyjrzyjmy się bliżej tajemnicy sprzed początków powstania czasu oraz drodze zbawienia, która stała się dostępna.

Oddanie władzy Adama w ręce szatana

W Ewangelii Łukasza 4,5-6 odnajdujemy opis kuszenia Jezusa, który zakończył swój trwający 40 dni post:

I wyprowadził go na górę, i pokazał mu wszystkie królestwa świata w mgnieniu oka. I rzekł do niego diabeł: Dam ci tę całą władzę i chwałę ich, ponieważ została mi przekazana, i daję ją, komu chcę.

Szatan powiedział, że podaruje Jezusowi władzę, która została mu przez kogoś przekazana. Dlaczego Bóg, który jest panem wszystkiego pozwolił, aby diabeł posiadł tak wielką moc?

W Księdze Rodzaju 1,28 jest napisane *„I błogosławił im Bóg, i rzekł do nich Bóg: Rozradzajcie się i rozmnażajcie się, i napełniajcie ziemię, i czyńcie ją sobie poddaną; panujcie nad rybami morskimi i nad ptactwem niebios, i nad wszelkimi zwierzętami, które się poruszają po ziemi!"*

Adam otrzymał od Boga władzę panowania nad wszystkim. Stał się panem wszystkiego, jednak po upływie dość długiego czasu wraz ze swoją żoną podstępem został skłoniony przez chytrego węża do zjedzenia owocu z drzewa poznania dobra i zła. Popełnił przeciw Bogu grzech nieposłuszeństwa.

W Liście do Rzymian 6,16 jest napisane: *„Czyż nie wiecie, że jeśli się oddajecie jako słudzy w posłuszeństwo, stajecie się sługami tego, komu jesteście posłuszni, czy to grzechu ku śmierci, czy też posłuszeństwa ku sprawiedliwości?"* Musimy wybierać między byciem sługą grzechu a sprawiedliwości. Jeśli grzeszymy, stajemy się sługą grzechu, którego droga prowadzi ku śmierci. Jeśli słuchamy słów sprawiedliwego, jesteśmy sługą sprawiedliwości i wejdziemy do nieba.

Popełniając grzech nieposłuszeństwa, Adam stał się sługą grzechu. Stracił ofiarowaną mu przez Boga władzę, którą musiał przekazać szatanowi na takiej samej zasadzie, jak wszystkie przedmioty niewolnika należą do jego pana. Podsumowując Adam przekazał ofiarowaną mu przez Boga władzę szatanowi, ponieważ grzesząc stał się sługą grzechu.

Konsekwencją nieposłuszeństwa Adama jest posiadanie przez wszystkich jego potomków grzesznej natury, służba diabłu i skazanie na śmierć.

Prawo odkupienia ziemi

Co należy zrobić, aby uwolnić się od wrogiego zła i szatana, i ocalić się od grzechów oraz śmierci? Niektóre osoby sądzą, że „Bóg wszystkim bezwarunkowo przebacza ponieważ jest miłością. Jest pełen współczucia i litości." Jednak w 1 Liście do Koryntian 14,40 jest napisane, *„A wszystko niech się odbywa godnie i w porządku"*. Bóg działa w uporządkowany sposób według praw panujących w królestwie duchowym. Nie czyni niczego przeciw prawu, ponieważ jest Bogiem sprawiedliwości i uczciwości.

W królestwie duchowym istnieje prawo, które mówi o karze dla grzeszników: „Zapłatą za grzech jest śmierć". Istnieje także prawo odkupienia grzeszników, dzięki któremu władza oddana przez Adama w ręce szatana zostaje odzyskana.

Co to za prawo odkupienia grzeszników? Jest to prawo odkupienia ziemi, o którym napisane jest w Starym Testamencie. Przed początkiem czasów Bóg Ojciec w tajemnicy przygotował sposób, według którego zgodnie z prawem ludzie zostaną zbawieni.

Jakie jest prawo odkupienia ziemi?

Są nim słowa wygłoszone przez Boga do Izraelitów, które możemy przeczytać w Księdze Kapłańskiej 25,23-25:

> *Ziemi nie będzie się sprzedawać na zawsze, gdyż ziemia należy do mnie, a wy jesteście u mnie przybyszami i mieszkańcami. W całym kraju, który jest w waszym posiadaniu, ustanowicie dla ziemi prawo wykupu: gdy zubożeje twój brat i sprzeda coś ze swojej posiadłości, wtedy wystąpi jako wykupiciel jego najbliższy krewny i wykupi to, co sprzedał jego brat.*

Każdy kawałek ziemi należy do Boga i nie może zostać sprzedany na własność. Jeśli z powodu ubóstwa, ktoś sprzeda swoją ziemię, Bóg zezwala krewnemu na odkupienie jej z powrotem. Jest to prawo odkupienia ziemi.

Izraelici sporządzali umowę kupna ziemi zgodnie z prawem jej odkupienia tak, że nigdy nie była sprzedawana na własność.

Sprzedawca oraz kupujący sporządzali szczegółową umowę tak, aby sprzedający lub jego najbliżsi krewni mogli odkupić ziemię w późniejszym czasie. Obydwie sporządzone kopie były przypieczętowane w obecności dwóch lub trzech świadków, a następnie przechowywane w odpowiednim pomieszczeniu świątyni. Jedna z kopii trzymana była w pomieszczeniu wejściowym otwarta i rozpieczętowana, ponieważ prawo wykupienia ziemi zezwalało sprzedającemu oraz jego krewnym odkupić ziemię o każdym czasie.

Prawo odkupienia ziemi a zbawienie ludzkie

Dlaczego Bóg przygotował plan osiągnięcia zbawienia przez ludzi według prawa wykupienia ziemi? Odpowiedź można znaleźć w Księdze Rodzaju (3,19.23), zawierającej bezpośrednią relację między zbawieniem a prawem wykupienia ziemi.

W pocie oblicza twego będziesz jadł chleb, aż wrócisz do ziemi, z której zostałeś wzięty; bo prochem jesteś i w proch się obrócisz (Ks. Rodz. 3,19).

Odprawił go więc Pan Bóg z ogrodu Eden, aby uprawiał ziemię, z której został wzięty (Ks. Rodz. 3,23).

Gdy Adam popełnił grzech, Bóg rzekł do niego: „(...) prochem jesteś i w proch się obrócisz". Proch jest materiałem, z którego stworzono człowieka. Dlatego po śmierci ponownie się w niego zamieniamy.

Według prawa wykupienia ziemi wszystkie terytoria należą do Boga i nie mogą na zawsze stać się czyjąś własnością (3 Moj. 25:23-25). Oznacza to, że stworzeni z prochu ziemi ludzie należą do Boga i nie mogą zostać komukolwiek sprzedani na własność. Nie ma takiej mocy żadna władza, także ofiarowana Adamowi przez Boga w ogrodzie Eden.

Mimo, że władza Adama została oddana w ręce zła i szatana,

to właściwa osoba może ją wykupić z powrotem i przywrócić. Podobnie Bóg sprawiedliwy, zgodnie z prawem wykupienia ziemi, zaplanował odkupienie. Naszym odkupicielem jest Zbawiciel.

Tajemnica sprzed początku czasów

Zanim powstał czas Bóg pełen miłości wiedział o przyszłym nieposłuszeństwie Adama oraz wszystkich jego potomkach, którzy będą skazani na śmierć. W tajemnicy przygotował plan zbawienia i ukrył go do czasu, aż nadejdzie wybrana przez Niego chwila.

Gdyby szatan dowiedział się o Bożym zamiarach, z pewnością opóźniałby Boga w podjęciu decyzji, co do ludzkiego grzechu i śmierci, tak aby nie stracić swojej władzy. W 1 Liście do Koryntian 2,7 jest napisane: *„Ale głosimy mądrość Bożą tajemną, zakrytą, którą Bóg przed wiekami przeznaczył ku chwale naszej (...)".*

Jezus Chrystus i mądrość Boża

W Liście do Rzymian 5,18-19 jest napisane: *„A zatem, jak przez upadek jednego człowieka przyszło potępienie na wszystkich ludzi, tak też przez dzieło usprawiedliwienia jednego przyszło dla wszystkich ludzi usprawiedliwienie ku żywotowi. Bo jak przez nieposłuszeństwo jednego człowieka wielu stało się grzesznikami, tak też przez posłuszeństwo*

jednego wielu dostąpi usprawiedliwienia".
Przez posłuszeństwo jednego człowieka wszyscy zostaliby usprawiedliwieni i ocaleni tak, jak z powodu nieposłuszeństwa jednego człowieka stali się grzeszni i śmiertelni.

Bóg zesłał na Ziemię Jezusa Chrystusa, który był wypełnieniem Bożego planu i pozwolił, aby został ukrzyżowany i wskrzeszony. Od tej pory ktokolwiek w niego wierzy, dostąpi zbawienia. W 1 Liście do Koryntian 1,18 jest napisane: *"Albowiem mowa o krzyżu jest głupstwem dla tych, którzy giną, natomiast dla nas, którzy dostępujemy zbawienia, jest mocą Bożą".*

Posłanie Wszechmogącego Syna Bożego na śmierć z rąk jego własnych stworzeń może dla niektórych wydawać się niezbyt rozsądne. Jednak ten rzekomo nierozsądny plan jest rozsądniejszy od najmądrzejszych planów ludzkich, a „słabość" Boga jest silniejsza od najsilniejszej mocy ludzkiej. (1 Kor. 1,19-24). Poprzez bierne przyglądanie się prawu, jak wyjaśnia Biblia, nikt w oczach Boga nie stanie się sprawiedliwym. Mimo to Bóg otwiera drogę ku zbawieniu każdemu, kto tylko wierzy w Jezusa Chrystusa.

Zapłatą za grzech jest śmierć, dlatego nikt nie mógłby zostać zbawiony, gdyby Jezus nie umarł za nasze grzechy. Jezus został ukrzyżowany za nasze grzechy, lecz później dzięki Boskiej mocy zmartwychwstał. Bóg przez długi czas zachowywał w ukryciu tak przygotowany plan zbawienia, który niektórym mógłby wydawać się nierozsądny lub mało skuteczny.

Bóg trzymał w tajemnicy Jezusa Chrystusa i jego ukrzyżowanie, aby zło oraz szatan nigdy się o nim nie dowiedzieli. W przeciwnym razie mogliby starać się zniweczyć plan zabawienia. Szatan nigdy nie doprowadziłby do śmierci Jezusa na krzyżu, gdyby wiedział o Boskim planie zabawienia, który poprzez krzyż uratował ludzi od śmierci i odebrał diabłu władzę pierwotnie przeznaczoną Adamowi.

W 1 Liście do Koryntian 2,7-8 jest napisane: *„Ale głosimy mądrość Bożą tajemną, zakrytą, którą Bóg przed wiekami przeznaczył ku chwale naszej, której żaden z władców tego świata nie poznał, bo gdyby poznali, nie byliby Pana chwały ukrzyżowali".*

Jezus jest wybrańcem na mocy prawa

Tak jak każda umowa posiada warunki, tak i królestwo Boże ma zasadę, według której Zbawca powinien, zgodnie z prawem wykupienia ziemi, być uprawniony do odzyskania utraconej na rzecz diabła władzy Adama.

Przypuśćmy, że przedsiębiorstwu pewnego biznesmena grozi upadłość. Nie ma on środków, aby spłacić wielki dług, który zaciągnął. Jeśli jednak ma bogatego brata, który go kocha, może liczyć na to, że brat spłaci jego długi od ręki.

Począwszy od czasów Adama, wszyscy grzesznicy potrzebują Zbawcy, w którego mocy jest oczyszczenie nas z grzechów. Jakie zatem warunki powinien spełniać Zbawca? Dlaczego Biblia stwierdza, że jedynie Jezus może być Zbawicielem?

Po pierwsze Zbawcą musi być człowiek

W Księdze Kapłańskiej 25,25 jest napisane: *„Gdy zubożeje twój brat i sprzeda coś ze swojej posiadłości, wtedy wystąpi jako wykupiciel jego najbliższy krewny i wykupi to, co sprzedał jego brat"*. Według prawa wykupienia ziemi, jeśli człowiek stanie się tak biedny, że będzie musiał sprzedać swoje posiadłości, wtedy jego najbliższy krewny będzie mógł wykupić to, co zostało sprzedane.

W 1 Liście do Koryntian 15,21-22 czytamy: *„Skoro bowiem przyszła przez człowieka śmierć, przez człowieka też przyszło zmartwychwstanie. Albowiem jak w Adamie wszyscy umierają, tak też w Chrystusie wszyscy zostaną ożywieni"*. Pierwszym warunkiem, jaki musi spełniać Zbawiciel, aby być w stanie odzyskać władzę Adama jest człowieczeństwo. Dość szczegółowo obrazuje to Objawienie św. Jana 5,1-5:

> *I widziałem w prawej dłoni tego, który siedział na tronie, księgę zapisaną wewnątrz i zewnątrz, zapieczętowaną siedmioma pieczęciami. Widziałem też anioła potężnego, który wołał głosem donośnym: któż jest godny otworzyć księgę i zerwać jej pieczęcie? I nikt w niebie ani na ziemi, ani pod ziemią nie mógł otworzyć księgi ani do niej wejrzeć. I płakałem bardzo, że nie znalazł się nikt godny otworzyć księgę ani do niej wejrzeć. A jeden ze starców rzecze do mnie: Nie płacz! Zwyciężył lew z pokolenia Judy, korzeń Dawidowy, i może otworzyć księgę, i zerwać siedem jej pieczęci.*

„Księga zapisana wewnątrz i zewnątrz, zapieczętowana siedmioma pieczęciami" jest paktem, jaki zawarł Pan z szatanem, gdy Adam, będąc nieposłusznym Bogu, stał się grzesznikiem. Apostoł Jan nie widział nikogo, ani na niebie ani na ziemi, kto mógłby złamać pieczęcie i otworzyć księgę.

Działo się tak, ponieważ aniołowie nie są ludźmi, a potomkowie Adama stali się takimi samymi grzesznikami jak on. Na ziemi istnieją jedynie należące do szatana złe duchy oraz martwe, skazane na piekło dusze.

Jeden ze starców rzekł do Jana: „*Nie płacz! Zwyciężył lew z pokolenia Judy, korzeń Dawidowy, i może otworzyć księgę, i zerwać siedem jej pieczęci*". Korzeń Dawidowy odnosi się do Jezusa, który jest potomkiem Króla Dawida z pokolenia Judy (Dz.Ap. 13,22-23). Dlatego według prawa wykupienia ziemi Chrystus spełnia warunek pierwszy.

Niektórzy mogą twierdzić, że „Bóg jest absolutny, a Jezus jest Bogiem, ponieważ jest Synem Bożym. Nigdy nie był człowiekiem". Pamiętajmy jednak, że „*Bogiem było słowo*" (Jan. 1,1) i dalej „*a Słowo ciałem się stało i zamieszkało wśród nas*" (Jan. 1,14).

Bóg Jezus stał się dla nas człowiekiem. On był Słowem i Synem Bożym. Posiadał cechy ludzkie i Boskie, kiedy dorastał i wychowywał się jak inni ludzie. Data narodzenia Jezusa Chrystusa dzieli zachodnią historię na dwa główne okresy: przed naszą erą (p.n.e.) oznaczający lata przed początkiem ery chrześcijańskiej i odpowiada on angielskiemu skrótowi B.C., czyli before Christ (pol. przed Chrystusem), oraz naszej ery (n.e.) oznaczający lata od początku ery chrześcijańskiej i odpowiada łacińskiemu skrótowi A.D. czyli Anno Domini (pol. w Roku Pańskim). Sam fakt takiego podziału świadczy, że Jezus w postaci człowieka żył na Ziemi, gdzie dorastał i został ukrzyżowany.

Jako człowiek Jezus spełniła pierwszy warunek, aby być Zbawicielem.

Po drugie Zbawicielem nie może być potomek Adama

Dłużnik nie może spłacić długu innych. Jedynie osoba, która nie jest zadłużona i jest w stanie pomóc innym, może spłacić dług kogoś innego. Podobnie Zbawiciel, aby odkupić grzechy wszystkich ludzi i uchronić ich od śmierci, musiał być bez winy i skazy. Ponieważ Adam zgrzeszył, wszyscy jego potomkowie stali się grzesznikami i tym samym nie mają możliwości odkupienia innych z grzechu. Nawet najszlachetniejszy człowiek nie może wziąć na siebie ciężaru grzechów innych ludzi.

Czy Jezus spełnia ten warunek?

W Ewangelii Mateusza (1,18-21) przedstawione są narodziny Jezusa, który został poczęty z Ducha Świętego, nie ze współżycia mężczyzny z kobietą:

A z narodzeniem Jezusa Chrystusa było tak: Gdy matka jego, Maria, została poślubiona Józefowi, okazało się, że, zanim się zeszli, była brzemienna z Ducha Świętego. A Józef, mąż jej, będąc prawym i nie chcąc jej zniesławić, miał zamiar potajemnie ją opuścić.

I gdy nad tym rozmyślał, oto ukazał mu się we śnie anioł Pański i rzekł: Józefie, synu Dawidowy, nie lękaj się przyjąć Marii, żony swej, albowiem to, co się w niej poczęło, jest z Ducha Świętego. A urodzi syna i nadasz mu imię Jezus; albowiem On zbawi lud swój od grzechów jego.

Według genealogii Jezus był potomkiem Dawida (Mat. 1, Łuk. 3,23-37), jednak został poczęty z Ducha Świętego w łonie Marii Dziewicy zanim doszło do zbliżenia między nią a Józefem. Jezus nie był naznaczony grzechem. Każdy człowiek rodzi się z grzechem pierworodnym, ponieważ dziedziczy go po rodzicach. Od momentu nieposłuszeństwa Adama grzech stał się dziedziczny i przechodzi na wszystkich jego potomków, dlatego nazywamy go grzechem pierworodnym. I dlatego właśnie żaden potomek Adama nie może odkupić grzechów innych ludzi.

Bóg Ojciec zaplanował poczęcie Jezusa Chrystusa w łonie Marii Dziewicy, dzięki czemu Jezus przyszedł na świat jako człowiek, lecz nie jako potomek Adama.

Po trzecie Zbawiciel musi posiadać moc zwycięstwa nad szatanem

W Księdze Kapłańskiej 25,26-27 napisano:

A jeśli kto nie będzie miał wykupiciela, lecz potem stać go będzie i znajdzie dosyć na swój wykup, to odliczy lata od swojej sprzedaży i zwróci resztę temu, komu sprzedał, i powróci do swojej posiadłości.

Krótko mówiąc, wybawca powinien mieć zdolność wykupienia sprzedanej ziemi, czego nie będzie mógł uczynić człowiek biedny, nawet jeśli tego bardzo pragnie. Aby zbawić wszystkich ludzi, odkupiciel musi sam być bez grzechu. W królestwie niebieskim jest to oznaka mocy. Wybawca musi być na tyle potężny, by pokonać zło oraz odzyskać utraconą przez Adama władzę. Nie może być naznaczony grzechem pierworodnym, ani samemu grzeszyć. Jedynie osoba bezgrzeszna jest w stanie pokonać szatana i uwolnić ludzi od zła.

Czy Jezus był bez grzechu? Poczęty z Ducha Świętego Chrystus był bez grzechu pierworodnego. Wychowany przez bogobojnych rodziców, Jezus był posłuszny Bogu i prawu. Ósmego dnia po narodzinach został obrzezany (Łuk. 2,21). Nigdy nie popełnił grzechu i wypełniał wolę Boga Ojca aż do chwili śmierci na krzyżu w wieku 33 lat (1 Piotr 2,22-24; Hebr. 7,26).

Ponieważ był bezgrzeszny, Jezus był w stanie pokonać diabła i odkupić wszystkich ludzi. Jego bezgrzeszność była niejednokrotnie widoczna dzięki mocy, którą posiadał. Wypędzał demony, niewidomym przywracał wzrok, głuchym słuch, sprawiał, że ludzie kulawi znów mogli chodzić oraz potrafił wyleczyć z wielu nieuleczalnych chorób. Był w stanie uspokoić wielką burzę i wicher słowami: „Umilknij! Ucisz się!" (Mar. 4,39).

Wybawcę musi cechować miłość ofiarna

Nawet bogaty człowiek nie wykupiłby ziemi, jeśli nie kochałby osoby, która ją sprzedała. Podobnie odkupiciel musi kochać grzeszników tak bardzo, że gotów jest poświęcić samego siebie, aby w pełni rozwiązać wszystkie problemy grzechu.

W Księdze Rut 4,1-6 Boaz, świadomy ubóstwa Noemi, poinformował jej najbliższego krewnego, że ten może wykupić jej pole, jeżeli tylko zechce. Krewny jednak odpowiedział: „*Nie mogę wykupić go dla siebie, aby nie narazić mojego własnego dziedzictwa. Przejmij ty dla siebie moje prawo wykupu, gdyż ja nie mogę go wykupić*" (wers 6). Nie wykupił pola dla Noemi ani dla Rut mimo, że jego bogactwo mu na to pozwalało. Człowiek ten nie kochał miłością ofiarną w przeciwieństwie do Boaza, który będąc kolejnym w linii najbliższym krewnym Noemi, odkupił pola.

Boaz ożenił się z Rut i nabył prawo wykupu ziemi, ponieważ miał w sobie na tyle miłości ofiarnej, aby wykupić pole Noemi. Syn, który im się urodził był pradziadem króla Dawida i został uwzględniony w linii rodowej Jezusa.

Jezus umarł na krzyżu z miłości do ludzi. Był słowem, które stało się ciałem i zamieszkało między nami. Poczęty z Ducha Świętego, Jezus pozbawiony był grzechu pierworodnego – dziedziczonego przez wszystkich potomków Adama. Posiadał moc odkupienia grzechów wszystkich ludzi, ponieważ sam był bezgrzeszny.

Mimo spełnienia trzech pierwszych warunków, nadal nie mógłby stać się Zbawicielem, gdyby nie posiadał duchowej i ofiarnej miłości. Aby odkupić grzechy wszystkich ludzi, musiał przyjąć na siebie karę za ich wszystkie grzechy.

Musiał przejść drogą przeznaczoną dla najbardziej niebezpiecznego przestępcy, by ostatecznie zostać powieszonym na drewnianym krzyżu. Obrzucano go obelgami, wyśmiewano i wyszydzano, z jego przebitego włócznią boku wypłynęła woda i krew. Chcąc ocalić ludzi, musiał zapłacić bardzo wysoką cenę.

Nigdzie na kartach ludzkiej historii nie odnajdziemy przykładu bezgrzesznego księcia, który oddałby swoje życie za swój durny i zły lud. Taki był tylko Jezus – Jezus, który jest Synem Wszechmogącego Boga, Królem królów, Panem panów i władcą wszystkich stworzeń. Jezus, tak wspaniały, szlachetny i niewinny zawisł na krzyżu i umarł, przelewając za nas swoją krew. Jak nieskończona musiała być miłość, którą nas darzył?

W ciągu swojego życia nie tylko czynił dobre uczynki, ale rozgrzeszał ludzi, leczył ich, uwalniał od demonów, głosił dobrą nowinę, rozweselał ich i kochał, a także dawał prawdziwą nadzieję na zbawienie i życie w niebie. W końcu oddał za grzeszników swoje życie.

W Liście do Rzymian 5,7-8 napisano: *„Rzadko się zdarza, że ktoś umrze za sprawiedliwego; prędzej za dobrego gotów ktoś umrzeć. Bóg zaś daje dowód swojej miłości ku nam przez to, że kiedy byliśmy jeszcze grzesznikami, Chrystus za nas umarł"*. Bóg Ojciec zesłał swojego jedynego syna Jezusa, który umarł na krzyżu za nas, mimo że nie jesteśmy ani sprawiedliwi ani dobrzy. W ten sposób pokazał, jak bardzo nas kocha.

Dlatego modlę się w imieniu Pana naszego, Jezusa Chrystusa, abyśmy byli świadomi, że tylko On może nas ocalić oraz, żebyśmy otrzymali prawo, by stać się dziećmi Bożymi, przyjmując Jezusa do naszych serc i cieszyli się życiem wiecznym i pewnością zbawienia!

Rozdział 5

Dlaczego Jezus jest naszym jedynym Zbawicielem?

- Zbawienie w Jezusie Chrystusie
- Dlaczego Jezus został ukrzyżowany?
- Istnieje tylko jedno imię na świecie „Jezus Chrystus"

PRZESŁANIE KRZYŻA

„On to jest owym kamieniem odrzuconym przez was, budujących, On stał się kamieniem węgielnym. I nie ma w nikim innym zbawienia; albowiem nie ma żadnego innego imienia pod niebem, danego ludziom, przez które moglibyśmy być zbawieni".

Dzieje Apostolskie 4,11-12

W chwili, w której zdamy sobie sprawę z troski duchowej, jaką okazuje nam Bóg, pokochamy Go z całego serca. Będziemy podziwiali Jego miłość i mądrość, gdy uświadomimy sobie poświęcenie Jezusa Chrystusa poniesione dla naszego zbawienia. W jaki sposób ukrywana od początku czasów obietnica zbawienia wypełniła się w Jezusie Chrystusie? Jak wcześniej napisałem tylko Jezus Chrystus, Syn Boga Sprawiedliwego, spełniał wszystkie warunki, jakie stawia przed odkupicielem prawo duchowe.

Tylko Jezus, poczęty przez Ducha Świętego, który stał się ciałem, nie był potomkiem Adama mógł stać się Zbawicielem. Posiadał moc i miłość niezbędną do odkupienia grzechów wszystkich ludzi. Tylko on poprzez ukrzyżowanie mógł otworzyć drogę zbawienia przed ludzkością.

W Dziejach Apostolskich 4,12 jest napisane: *„I nie ma w nikim innym zbawienia; albowiem nie ma żadnego innego imienia pod niebem, danego ludziom, przez które moglibyśmy być zbawieni".* Ktokolwiek przyjmie Jezusa Chrystusa i w niego uwierzy, wyjdzie z ciemności w światłość, zostaną mu przebaczone wszystkie grzechy, dostąpi zbawienia oraz otrzyma moc i błogosławieństwa przeznaczone dla dzieci Bożych.

W dalszej części tego rozdziału wyjaśnię, dlaczego wiara w Jezusa ukrzyżowanego jest konieczna dla osiągnięcia zbawienia i otrzymania łask Bożych.

Zbawienie w Jezusie Chrystusie

Bóg przygotował plan zbawienia jeszcze przed nastaniem czasów. Księga Rodzaju zawiera przepowiednię dotyczącą Jezusa i tajemnicy ludzkiego zbawienia.

W Księdze Rodzaju 3,14-15 napisano:

> *Ponieważ to uczyniłeś, będziesz przeklęty wśród wszelkiego bydła i wszelkiego dzikiego zwierza. Na brzuchu będziesz się czołgał i proch będziesz jadł po wszystkie dni życia swego! I ustanowię nieprzyjaźń między tobą a kobietą, między twoim potomstwem a jej potomstwem; ono zdepcze ci głowę, a ty ukąsisz je w piętę.*

Jak wspominałem w poprzednich rozdziałach wąż symbolizuje szatana, natomiast wyrażenie „i proch będziesz jadł" odnosi się do zła tkwiącego w stworzonym z prochu ziemi człowieku. Kobieta personifikuje Izrael, a „jej potomstwo" dotyczy Jezusa. Zwrot „A ty (wąż) ukąsisz je w piętę" traktuje o ukrzyżowaniu Jezusa, podczas gdy „ono (potomstwo kobiety) zdepcze ci głowę" przepowiada, że Jezus zwycięży zło i szatana powstając z martwych.

Szatan nie mógł dowiedzieć się o Bożych zamiarach

Bóg trzymał swój plan zbawienia w tajemnicy przed szatanem, aby diabeł i zło nie poznały Jego zamiarów.

Szatan, zanim został zdeptany, starał się zabić potomstwo kobiety. Diabeł uważał, że nikt nie odbierze mu władzy, którą uzyskał po tym, jak Adam złamał zakaz Boga. Ponieważ Szatan i towarzyszące mu zło nie wiedzieli, kim jest dziecko kobiety, zabijali Bożych proroków już od czasów Starego Testamentu

Kiedy urodził się Mojżesz, szatan poprzez Faraona, władcę Egiptu, rozkazał zabić każdego nowonarodzonego hebrajskiego chłopca (Ks. Wyjścia 1,15-22). W czasach, gdy na świat przyszedł narodzony z Ducha Świętego Jezus, szatan również nakazał tamtejszemu władcy – Królowi Herodowi – zabić wszystkie dzieci.

Jednak Bóg znał zamiary swojego wroga i sprawił, że Józefowi we śnie ukazał się Anioł, który nakazał, aby wraz z matką i dzieckiem udał się do Egiptu, gdzie żyli aż do chwili, gdy król Herod zmarł.

Bóg pozwala ukrzyżować Jezusa

Jezus dorastał pod opieką Boga i zaczął nauczać w wieku 30 lat. Podczas wędrówki przez Galileę przemawiał w synagogach, uzdrawiał chorych, wskrzeszał zmarłych i głosił ewangelię biednym. (Mat. 4,23, 11,5).

Tymczasem szatan za pomocą arcykapłanów, ludzi

głoszących prawo oraz faryzeuszy spiskował, żeby zabić Jezusa. Jednak czytając Biblię, możemy zauważyć, że źli ludzie nie mogli nawet dotknąć Jezusa, ponieważ w każdej chwili czuwała nad nim Opatrzność Boska.

Bóg zezwolił szatanowi ukrzyżować Jezusa dopiero po upływie trzech lat jego posługi na Ziemi. W krótkim czasie po wstrzymaniu Boskiej opieki założono na głowę Jezusa koronę z cierni, zraniono boleśnie jego stopy i ręce, a następnie przybito do krzyża, na którym umarł.

Ukrzyżowanie jest jednym z najokrutniejszych sposobów wykonania wyroku śmierci. Gdy Jezus umierał, Szatan tańczył z radości i był niezmiernie zadowolony, ponieważ sądził, że skoro nie ma już nikogo, kto mu przeszkodzi, to nadal będzie mógł rządzić na Ziemi. Jednak nie wiedział o planie, który Bóg zachował przed nim w tajemnicy.

Zło i szatan złamali prawo duchowe

Sprawiedliwy Bóg nigdy nie wykorzystał swojej najwyższej władzy wbrew prawu. Zgodnie z nim, jeszcze przed początkiem czasów, przygotował plan zbawienia ludzi. Wszystko, co robi Bóg jest zgodne z Prawem Bożym.

Według Prawa Bożego zapłatą za grzech jest śmierć (Rzym. 6,23) dlatego ten, kto jest bez grzechu będzie żył wiecznie. Jednak szatan zdołał ukrzyżować nieskalanego Jezusa (1 Piotr 2,22-23). W ten sposób diabeł złamał Prawo Boże i oszukał sam siebie. Stał się narzędziem w rękach Boga i przyczynił się do zbawienia ludzi. Dziecko kobiety zdeptało jego głowę tak, jak przepowiedziane było w Księdze Rodzaju.

Wąż jest niebezpieczny nawet, jeśli nadepniemy mu na ogon i rozetniemy go na pół, jednak staje się bezbronny, gdy silnie trzymamy jego głowę. W sensie duchowym wers „I ustanowię nieprzyjaźń między tobą a kobietą, między twoim potomstwem a jej potomstwem; ono zdepcze ci głowę, a ty ukąsisz je w piętę" zwiastuje, że szatan straci swą władzę na rzecz Jezusa Chrystusa, a ukąszenie w piętę zapowiada ukrzyżowanie Zbawiciela. W taki właśnie sposób spełniły się proroctwa zapisane w Księdze Rodzaju 3,15.

Zbawienie poprzez ukrzyżowanie Jezusa

Boża tajemnica zbawienia sprzed początku czasów została ujawniona wraz z dniem zmartwychwstania Jezusa Chrystusa.

Około 6 000 lat temu Adam z powodu nieposłuszeństwa i w konsekwencji złamania prawa królestwa duchowego zmuszony był oddać otrzymaną od Boga władzę szatanowi (Łuk. 4,6). Jednak po 4 000 lat szatan również złamał Prawo Boże, dzięki czemu został pokonany.

Musiał uwolnić ze swej mocy tych, którzy zaakceptowali Jezusa jako swojego Zbawiciela i uwierzyli w Jego imię, przez co stali się dziećmi Bożymi. Czy szatan dopuściłby do ukrzyżowania Chrystusa, gdyby znał tajemnicę i mądrość Boga? Zapewne nie! W 1 Liście do Koryntian 2,8 jest napisane: *„której żaden z władców tego świata nie poznał, bo gdyby poznali, nie byliby Pana chwały ukrzyżowali".*

W dzisiejszych czasach osoby, które tego nie rozumieją

zastanawiają się „dlaczego Wszechmocny Bóg nie zapobiegł śmierci swojego Syna? Dlaczego pozwolił, aby umarł na krzyżu?" Gdybyśmy jednak pojęli przesłanie krzyża, znalibyśmy powód, dla którego Jezus został ukrzyżowany. Wiedzielibyśmy, w jaki sposób, po zwycięstwie nad szatanem, stał się Królem nad królami oraz Władcą nad władcami. Dlatego każdy może dostąpić zbawienia oraz zasługiwać na miano sprawiedliwego, jeśli tylko wierzy w Jezusa Chrystusa jako Zbawiciela, który umarł na krzyżu i trzeciego dnia zmartwychwstał dla odkupienia naszych win.

Dlaczego Jezus został ukrzyżowany?

Dlaczego Jezus został ukrzyżowany? Dlaczego na drewnianym krzyżu? Według Listu do Galacjan 3,13-14 istnieją trzy duchowe powody dla których, pośród istnienia wielu innych sposobów wykonania wyroku śmierci, Jezus został ukrzyżowany właśnie na drewnianym krzyżu.

Powód pierwszy: aby uchronić nas od przekleństwa Prawa

W Liście do Galacjan 3,13 napisano: *„Chrystus wykupił nas od przekleństwa zakonu, stawszy się za nas przekleństwem, gdyż napisano: Przeklęty każdy, który zawisł na drzewie".* Wers ten dotyczy Jezusa, który poprzez śmierć na drewnianym krzyżu uchronił nas od przekleństwa Prawa.

W Liście do Rzymian 6,23 jest napisane, że „zapłatą za grzech jest śmierć", ponieważ ze względu na nieposłuszeństwo Adama wszyscy ludzie zostali przeklęci i skazani na śmierć. Jednak Bóg ofiarował ludzkości swojego syna Jezusa Chrystusa i pozwolił, aby umarł On na drewnianym krzyżu dla naszego zbawienia oraz ocalenia nas przed przekleństwem Prawa. (Ks. Powt. Prawa 21,23).

Jezus wisząc na krzyżu przelał za nas swą krew. Przyjrzyjmy się wersom 11 i 14 z Księgi Kapłańskiej 17:

> *Gdyż życie ciała jest we krwi, a Ja dałem wam ją do użytku na ołtarzu, abyście dokonywali nią przebłagania za dusze wasze, gdyż to krew dokonuje przebłagania za życie (wers 11).*

> *Gdyż życie wszelkiego ciała jest w jego krwi, w niej ono tkwi (wers 14).*

Autor Księgi napisał, że życie jest krwią, ponieważ każde stworzenie potrzebuje jej do życia - bez niej by umarło.

Jednak gdy ktoś umiera, jego ciało zamienia się z powrotem w pył, a dusza trafia do nieba lub piekła. Aby otrzymać życie wieczne wszystkie grzechy muszą zostać nam przebaczone. Z kolei, aby uzyskać odpuszczenie grzechów, musi zostać przelana krew, tak jak opisano w Liście Hebrajczyków 9,22: „*A według zakonu niemal wszystko bywa oczyszczane krwią, i bez rozlania krwi nie ma odpuszczenia*". To dlatego za czasów Starego Testamentu, aby otrzymać rozgrzeszenie, ludzie składali w ofierze krew zwierząt. Natomiast Jezus raz i na zawsze odkupił nasze grzechy swoją własną krwią, abyśmy mogli otrzymać życie wieczne. Było to możliwe, ponieważ Jezus nie miał grzechu pierworodnego, ani samemu żadnego nie uczynił.

My także możemy dostąpić życia wiecznego dzięki poświęceniu Jezusa. Umarł On za nas i otworzył nam drogę, dzięki której możemy stać się dziećmi Bożymi.

Powód drugi: abyśmy otrzymali błogosławieństwo Abrahama

Pierwsza część wersu 3,14 z Listu do Galacjan brzmi: *„Aby błogosławieństwo Abrahamowe przeszło na pogan w Jezusie Chrystusie, my zaś, abyśmy obiecanego Ducha otrzymali przez wiarę".* Oznacza to, że Bóg udziela błogosławieństwa danego Abrahamowi nie tylko Izraelitom, ale też wszystkim poganom, którzy przyjmując Jezusa jako Zbawiciela, stają się sprawiedliwi.

Abraham nazywany „ojcem wierzących" oraz „przyjacielem Boga" żył wiele lat, miał wiele dzieci, cieszył się dobrym zdrowiem i powodziło mu się materialnie, dzięki błogosławieństwu, które otrzymał (Ks. Rodz. 22,15-18):

> *Potem zawołał anioł Pański powtórnie z nieba na Abrahama, mówiąc: Przysiągłem na siebie samego, mówi Pan: ponieważ to uczyniłeś i nie wzbraniałeś się ofiarować mi jedynego syna swego, będę ci błogosławił obficie i rozmnożę tak licznie potomstwo twoje jak gwiazdy na niebie i jak piasek na brzegu morza, a*

potomkowie twoi zdobędą grody nieprzyjaciół swoich, i w potomstwie twoim błogosławione będą wszystkie narody ziemi za to, że usłuchałeś głosu mego.

Abraham był zawsze posłuszny słowom Boga: *„Wyjdź z ziemi swojej i od rodziny swojej, i z domu ojca swego do ziemi, którą ci wskażę"* (Ks. Rodz. 12,1). Nie sprzeciwiał się nawet, gdy Pan nakazał mu złożyć w ofierze swojego syna: *„Weź syna swego, jedynaka swego, Izaaka, którego miłujesz, i udaj się do kraju Moria, i złóż go tam w ofierze całopalnej na jednej z gór, o której ci powiem"* (Ks. Rodz. 22,2). Zawsze przestrzegał nakazów Boga, ponieważ wierzył, że Bóg potrafi wskrzeszać umarłych (Hebr. 11,19). Abraham wierzył tak silnie, że mógł stać się błogosławionym ojcem wierzących.

Dlatego dzieci Boże, które przyjmują Jezusa jako swojego Zbawiciela, powinny mieć wiarę Abrahama. Będą mogły wtedy chwalić Pana i otrzymywać wszystkie jego łaski na Ziemi.

Powód trzeci: obietnica wylania Ducha Świętego

Druga część wersu 3,14 z Listu do Galacjan brzmi: *„(...) my zaś, abyśmy obiecanego Ducha otrzymali przez wiarę"*. Oznacza to, że każdy, kto wierzy, że Jezus umarł na drewnianym krzyżu dla zbawienia wszystkich ludzi, zostanie uwolniony od przekleństwa Prawa oraz otrzyma Ducha Świętego. Dodatkowo, wszyscy, którzy przyjmą Jezusa jako Zbawiciela, jako dar i zapewnienie zbawienia, otrzymają miano dzieci Bożych oraz Ducha Świętego (Jan 1,12; Rzym. 8,16).

Duch Święty, który jest sercem i mocą Boga, prowadzi nas ku życiu wiecznemu oraz pomaga zarówno zrozumieć Słowo Boże, jak i żyć według Jego przykazań. Gdy otrzymujemy Ducha Świętego, możemy zacząć wołać do Boga „Abba, Ojcze" (Rzym. 8,15). Nasze imię zostaje zapisane w Księdze Żywota (Łuk. 10,20) i mamy możliwość zamieszkania w niebie (Filip. 3,20). Zostaniemy ocaleni, gdy uznamy Jezusa za naszego Zbawiciela oraz jeśli w sercu uwierzymy, że pokonał śmierć i został wskrzeszony. Napisano o tym Księga Rzymian 10,9: *„Bo jeśli ustami swoimi wyznasz, że Jezus jest Panem, i uwierzysz w sercu swoim, że Bóg wzbudził go z martwych, zbawiony będziesz".*

Przed początkiem czasów, Bóg opracował wspaniały i misterny plan, dzięki któremu ludzie wierzący w Jezusa Zbawiciela, mogą zjednoczyć się z Bogiem i zostać zbawieni. Ludzie skazani na śmierć z powodu pierwszego człowieka, który złamał prawo królestwa duchowego i zgrzeszył, za co „zapłatą (...) jest śmierć", mogą zostać przez to samo prawo zbawieni, dzięki swojej wierze i uwolnieni od przekleństwa Zakonu. Wszystko dzięki temu, że szatan naruszył to samo prawo królestwa duchowego.

Od chwili nieposłuszeństwa Adama, ludzie stali się niewolnikami grzechu i musieli stawiać czoła nieszczęściom sprowadzanym przez szatana: cierpieniom, problemom oraz śmierci. Jednak ktokolwiek przyjmuje Jezusa jako Zbawiciela i Ducha Świętego może otrzymać liczne błogosławieństwa, zbawienie, życie wieczne oraz zostanie wskrzeszony.

Przywileje i błogosławieństwa dzieci Bożych

Każdemu, kto otworzy swoje serce i przyjmie do niego Jezusa Chrystusa zostanie wszystko przebaczone oraz otrzyma prawo, aby stać się dzieckiem Bożym, w którego sercu będzie panowała radość i spokój. Jest to możliwe, ponieważ zostaliśmy oczyszczeni z naszych grzechów raz i na zawsze przez ukrzyżowanego Jezusa Chrystusa. W Księdze Psalmów 103,12 napisano: „*Jak daleko jest wschód od zachodu, tak oddalił od nas występki nasze*". Natomiast w Księdze Hebrajczyków 10,16-18 czytamy: „*Takie zaś jest przymierze, jakie zawrę z nimi po upływie owych dni, mówi Pan: Prawa moje włożę w ich serca i na umysłach ich wypiszę je, dodaje: a grzechów ich i ich nieprawości nie wspomnę więcej. Gdzie zaś jest ich odpuszczenie, tam nie ma już ofiary za grzech*".

Jeśli na Ziemi prawa, jakie posiadają dzieci króla lub prezydenta, mają szeroki zakres, to jak wielkie muszą być prawa dzieci Boga Stwórcy, który włada całym wszechświatem i historią ludzkości? Na świecie nie ma niczego bardziej wartościowego niż prawa dzieci Bożych, otrzymane dzięki wierze.

W oczach Bożych stwierdzenie, że „Jezus jest Zbawicielem" nie jest dowodem prawdziwej wiary. Należy zrozumieć, kim jest Jezus Chrystus oraz dlaczego On jest Jedynym Zbawicielem. Dopiero na podstawie takiej wiedzy można szczerze uwierzyć. W wierze dostrzeżemy przesłanie krzyża i będziemy mogli wyznać, że „Panem jest Chrystus, syn Boga żywego" oraz żyć zgodnie ze Słowem Bożym. Bez szczerej wiary jest to niezmiernie trudne. Nie da się nagle poczuć w sercu silną wiarę. Jezus powiedział (Mat 7,21): *„Nie każdy, kto do mnie mówi: Panie, Panie, wejdzie do Królestwa Niebios; lecz tylko ten, kto pełni wolę Ojca mojego, który jest w niebie"*. Chrystus wyraźnie zaznaczył, że tylko osoby, które szczerze mówią „Panie, Panie" i żyją zgodnie z wolą Boga, zostaną zbawione.

Istnieje tylko jedno imię na świecie „Jezus Chrystus"

W Dziejach Apostolskich 4 rozdziale opisana jest scena, w której Piotr i Jan z odwagą wypowiadają imię Jezusa Chrystusa przed Sanhedrynem. Szczerze wierzyli, że nie ma innego imienia ponad imię „Jezusa Chrystusa", poprzez które można osiągnąć zbawienie. Piotr, w którym był Duch Święty, miał prawo, aby głosić: *„I nie ma w nikim innym zbawienia; albowiem nie ma żadnego innego imienia pod niebem, danego ludziom, przez które moglibyśmy być zbawieni"* (Dz.Ap. 4,12).

Jakie duchowe konsekwencje kryją się w posiadaniu imienia „Jezus Chrystus"? Dlaczego Bóg zdecydował, że właśnie poprzez Jezusa Chrystusa zostaniemy zbawieni?

Różnica między imieniem 'Jezus' a 'Jezus Chrystus'

W Dziejach Apostolskich 16,31 czytamy: *„Uwierz w Pana Jezusa, a będziesz zbawiony, ty i twój dom"*. Istnieje ważny powód, dla którego zamiast samego słowa 'Jezusa' zapisano 'Pan Jezus'.

Imię Jezus odnosi się do człowieka, który odkupi grzechy ludzi. Chrystus jest słowem greckim oznaczającym w języku hebrajskim 'Mesjasza' czyli tego, który jest namaszczony (Dz.Ap. 4,27). Odnosi się ono do Zbawiciela, mediatora między Bogiem a ludźmi. 'Jezus' jest imieniem przyszłego Zbawiciela, natomiast 'Chrystus' oznacza Zbawiciela, który już był na Ziemi i ocalił ludzi.

W czasach Starego Testamentu Bóg namaszczał przyszłego króla, kapłana lub proroka naznaczając ich głowy olejem (Ks. Liczb 4,3; 1 Sam. 10,1; 1 Król 19,16). Olej symbolizuje Ducha Świętego, dlatego namaszczenie oznacza obdarzenie wybraną przez Boga osobę Duchem Świętym.

Jezus został namaszczony na króla, arcykapłana oraz proroka, który przyszedł na świat, przyjmując postać człowieka. Zgodnie z wolą Bożą przybył, aby zbawić ludzi. Plan zbawienia był tajemnicą aż do momentu jego realizacji. Jezus został ukrzyżowany, aby odkupić nasze grzechy, a zmartwychwstając trzeciego dnia, stał się naszym Zbawicielem. On jest tym, który wypełnił Boży plan zbawienia. On jest Chrystusem.

Nasz Zbawiciel przed ukrzyżowaniem nazywany był 'Jezusem', natomiast po zmartwychwstaniu określano Go mianem 'Pana Jezusa', 'Pana' lub 'Jezusa Chrystusa'.

Należy być świadomym różnicy między potęgą 'Jezusa' a potęgą 'Jezusa Chrystusa'. 'Jezus' to imię, którym Go nazywano przed wypełnieniem się planu zbawienia. Szatan nie obawiał się Jezusa. Natomiast 'Jezus Chrystus' niesie ze sobą trzy znaczenia:

krwi, przez którą zostaliśmy odkupieni; zwycięstwa nad śmiercią, czyli zmartwychwstania; oraz życia wiecznego. Imię 'Jezus Chrystus' jest dla szatana przerażające. Wiele osób lekceważy ten fakt, ponieważ nie jest świadomych różnicy. Jednak odpowiedź Boga na modlitwy w zależności od przywoływanego imienia może być różna (Dz.Ap. 3,6). Jeśli będziemy świadomie modlili się do Boga w imieniu Pana naszego, Jezusa Chrystusa, to dzięki Wszechmogącemu Bogu nasze życie będzie pełne sukcesów, o które prosimy.

Całkowite posłuszeństwo Jezusa wobec Boga

Mimo, że Jezus posiadał naturę boską, nie uważał się za równego duchowo Bogu oraz nie dopominał się swoich praw. Przyszedł na świat pod postacią człowieka i przyjął skromną postawę sługi.

Dobry sługa wykonuje to, co nakazuje mu jego pan - nie działa według własnej woli. Niezależnie od własnego zdania, czy też odczuć, powinien wykonywać wolę pana. Jezus był całkowicie posłuszny Bogu jak dobry sługa, dzięki czemu mógł wypełnić swoją misję zbawienia ludzi.

Bóg wywyższał posłuszeństwo Jezusa, mówiąc: „Tak" i „Amen" oraz pozwalał, aby był nazywany Panem.

Dlatego też Bóg wielce go wywyższył i obdarzył go imieniem, które jest ponad wszelkie imię, aby na imię Jezusa zginało się wszelkie kolano na niebie i na ziemi, i pod ziemią i aby wszelki język wyznawał, że Jezus Chrystus jest Panem, ku chwale Boga Ojca" (Filip. 2,9-11).

Imię 'Pan Jezus' świadczy o potędze Boga

W Ewangelii Jana 1,3 napisano: „*Wszystko przez nie powstało, a bez niego nic nie powstało, co powstało*". Ponieważ wszystko na Świecie zostało stworzone poprzez Jezusa, to jako Stwórca posiada On władzę nad swoim stworzeniem. Na rozkaz Jezusa, Syna Boga Stwórcy, nawet natura była posłuszna. Panował nad wiatrem, potrafił uspokoić wodę czy też doprowadzić drzewo figowe do obumarcia.

Posiadał władzę ocalenia ludzi od kary za grzechy i mógł je odpuszczać. W Ewangelii Mateusza 9,2 Jezus zwraca się do sparaliżowanego: „*Ufaj, synu, odpuszczone są grzechy twoje*". W wersie 6 jest napisane: „*Lecz abyście wiedzieli, że Syn Człowieczy ma moc na ziemi odpuszczać grzechy - rzekł do sparaliżowanego: Wstań, weź łoże swoje i idź do domu swego!*"

Jezus posiadał także moc uzdrawiania oraz wskrzeszania umarłych. Ewangelia Jana 11 zawiera opis przywrócenia do życia człowieka o imieniu Łazarz, który owinięty opaskami wychodzi z grobowca, gdy Jezus woła „Łazarzu, wyjdź!". Łazarz był martwy od czterech dni i wokół grobu było już czuć odór rozkładu, jednak Łazarz zmartwychwstał i wyszedł z gronu jako zdrowy człowiek.

Dlatego i nam, jeśli tylko będziemy pełni wiary, Jezus może ofiarować to, o co tylko poprosimy, ponieważ ma niezwykłą moc, aby wysłuchiwać nasze modlitwy.

Jezus Chrystus i miłość Boga

W 1 Liście Jana 4,19 napisano: „*Na tym polega miłość, że nie myśmy umiłowali Boga, lecz że On nas umiłował i posłał Syna swego jako ubłaganie za grzechy nasze*". Bóg obdarował nas niezmierną miłością. Gdy byliśmy grzesznikami, posłał swojego jedynego Syna jako ofiarę pokutną. Otworzył nam drogę do zbawienia, mimo że musiał niewyobrażalnie cierpieć, gdy widział śmierć swojego Syna Jezusa. Co Bóg miłości musiał czuć, gdy patrzył na ukrzyżowanie swego jedynego Syna? Nie mógł spokojnie siedzieć na swoim tronie. Ewangelia Mateusza 27,51-54 opisuje, jakie wydarzenia miały miejsce w tym czasie:

I oto zasłona świątyni rozdarła się na dwoje, od góry do dołu, i ziemia się zatrzęsła, i skały popękały, i groby się otworzyły, i wiele ciał świętych, którzy zasnęli, zostało wzbudzonych; i wyszli z grobów po jego zmartwychwstaniu, i weszli do świętego miasta, i ukazali się wielu. A setnik i ci, którzy z nim byli i strzegli Jezusa, ujrzawszy trzęsienie ziemi i to, co się działo, przerazili się bardzo i rzekli: zaiste, ten był Synem Bożym.

Powyższe teksty dobitnie ukazują, że Jezus zmarł na krzyżu nie za własne grzechy, ale z powodu miłości Boga i Jego pragnienia, aby ludzie zostali zbawieni. Niestety wielu ludzi nadal nie wierzy ani nie rozumie tej nadzwyczajnej miłości.

Nieposłuszeństwo Adama sprawiło, że ludzie stali się z natury grzeszni i nie mogli zjednoczyć się z Bogiem. Dlatego Jezus zstąpił na Ziemię i stał się mediatorem między ludźmi a Bogiem, aby Bóg mógł dać nam błogosławieństwo Immanuela (Mat. 1,23). Poprzez cierpienia Jezusa na krzyżu otrzymaliśmy prawdziwy pokój i spoczynek.

Mam nadzieję, że zrozumiemy wspaniałą miłość Boga, który aby odkupić nasze grzechy i uchronić nas od wiecznej śmierci, ofiarował nam swojego jedynego Syna. Był to akt miłości ofiarnej Pana, który będąc niewinnym, został ukrzyżowany na krzyżu dla naszego zbawienia.

Rozdział 6

OPATRZNOŚĆ BOŻA

- Narodzony w stajence
- Życie Jezusa w ubóstwie
- Biczowanie i przelanie krwi Zbawiciela
- Korona z cierni
- Szaty oraz suknia Jezusa
- Przybicie dłoni i stóp Jezusa do krzyża
- Nogi Jezusa nie zostały połamane - Jego bok został przebity

PRZESŁANIE KRZYŻA

„Lecz on nasze choroby nosił, nasze cierpienia wziął na siebie. A my mniemaliśmy, że jest zraniony, przez Boga zbity i umęczony. Lecz on zraniony jest za występki nasze, starty za winy nasze. Ukarany został dla naszego zbawienia, a jego ranami jesteśmy uleczeni. Wszyscy jak owce zbłądziliśmy, każdy z nas na własną drogę zboczył, a Pan jego dotknął karą za winę nas wszystkich".

Księga Izajasza 53,4-6:

W Boskim planie zbawienia ludzi najważniejsze jest przyjście Jezusa na świat. Podczas swojego pobytu na Ziemi Syn Boży cierpi i umiera na krzyżu, dzięki czemu ludzie mają możliwość być zbawieni.

Krzyż będący wyrazem Opatrzności Bożej ma istotne znaczenie duchowe. Jezus, jedyny Syn Boga pozbawiony Boskiej chwały, urodził się w stajence i prowadził życie w ubóstwie.

Był biczowany, a jego stopy i dłonie przybito do krzyża. Nosił koronę cierniową, zaś z powstałej po przebiciu boku rany wypłynęła woda i krew. Wszystkie cierpienia Jezusa są wyrazem głębokiej miłości Boga do człowieka.

Gdy w pełni zrozumiemy duchowe znaczenie krzyża oraz cierpień Zbawiciela, nasze serca poruszy Jego miłość i szczerze w niego uwierzymy. Otrzymamy także odpowiedzi dotyczące królestwa niebieskiego oraz wszystkich problemów, które spotykają nas w życiu, takich jak bieda i choroby.

Narodzony w stajence

Jezus będąc Bogiem, był panem wszystkiego na ziemi i w niebie. Mimo to, aby odkupić grzechy ludzkie i nas zbawić, przyszedł na świat pod postacią człowieka.

Jest jedynym synem Wszechmocnego Boga Stwórcy. Dlaczego więc nie urodził się pałacu pełnym przepychu lub przynajmniej w komfortowo urządzonym pokoju? Czy Bóg nie mógł sprawić, by urodził się we wspaniałym miejscu? Dlaczego po narodzinach w stajence leżał w żłóbku? Wszystkie te fakty mają swoje znaczenie. Pod względem duchowym narodziny Jezusa odbyły się w najwspanialszy możliwy sposób. Towarzyszyły im niewidzialne dla ludzkich oczu zastępy niebieskie, aniołowie i światłość Boża, a sam Jezus został otoczony chwałą Bożą. Wielką radość Stwórcy można dostrzec w słowach wersu 3,14 w Ewangelii Łukasza: *„Chwała na wysokościach Bogu, a na ziemi pokój ludziom, w których ma upodobanie"*. Ojciec Niebieski zaplanował także przybycie pasterzy oraz Trzech Mędrców ze Wschodu, aby złożyli Synowi Bożemu hołd.

Ludzie i aniołowie oddawali cześć dzieciątku Jezus, ponieważ przychodząc na świat miało w przyszłości umożliwić ludziom wstąpienie na drogę zbawienia jako dzieciom Bożym, oraz zapewnić życie wieczne w niebie. Sam Jezus miał stać się Królem królów oraz Panem panów.

Narodziny Jezusa wyrazem Opatrzności Bożej

W czasach narodzin Jezusa, cesarz Oktawian August zarządził spis obywateli rzymskich. W tym celu Żydzi, którzy znajdowali się wtedy pod panowaniem kolonialnym Rzymu, powracali do rodzinnych miast.

Józef i Maria należeli do rodu Dawida, dlatego udali się z

Galilei z miasta Nazaret do dawidowego miasta Betlejem. Jeszcze przed wyjazdem okazało się, że obiecana Józefowi Maria spodziewała się dziecka poczętego przez Ducha Świętego. Urodziła je, gdy dotarli na miejsce.

Miasto „Betlejem", którego nazwa w dosłownym tłumaczeniu oznacza „dom chleba", było rodzinnym miastem króla Dawida (1 Sam. 16,1). W Księdze Micheasza 5,1 napisano: *„Ale ty, Betlejemie Efrata, najmniejszy z okręgów judzkich, z ciebie mi wyjdzie ten, który będzie władcą Izraela. Początki jego od prawieku, od dni zamierzchłych"*. W wersie tym zawarta jest przepowiednia narodzin Mesjasza.

Ponieważ trwał powszechny spis ludności, wszystkie gospody były zajęte przez przybyłych. Z tego powodu poród odbył się w stajence. Maria owinęła syna w wąskie pasy płótna i położyła w żłobie.

Dlaczego Jezus, który był Zbawicielem ludzi, urodził się w tak skromnym otoczeniu?

Aby odkupić ludzi, których duchy nie różniły się od zwierzęcych

W Księdze Kaznodziei Salomona 3,18 jest napisane: *„I pomyślałem sobie: Ze względu na synów ludzkich Bóg tak to urządził, aby ich doświadczyć i aby im pokazać, że nie są czymś innym niż zwierzęta"*. Oznacza to, że osoby, które zapomniały o Bogu, są w jego oczach jak zwierzęta. Adam, pierwszy człowiek stworzony został na podobieństwo Boga. Ponieważ Wszechmogący nauczał go o prawdzie, Adam posiadał także duchowość.

Zjadając owoc z drzewa poznania dobra i zła, człowiek zgrzeszył przeciw Bogu. Od tej pory nie mógł rozmawiać ze Stworzycielem, ponieważ jego duchowość zanikła. Co więcej, utracił władzę nad wszelkim stworzeniem. Kiedy człowiek uległ namowom szatana, jego serce zmieniło się z nieskazitelnego i pełnego prawdy, w kłamliwe i nieczyste.

W naszym codziennym życiu zdarza się nam usłyszeć o kimś, że „zachowuje się jak zwierzę". Zwłaszcza media lubią posługiwać się tym wyrażeniem, które odnosi się do ludzi czerpiących korzyści z oszukiwania bliźnich, klientów, przyjaciół oraz członków rodziny. Czasem rodzice lub dzieci potrafią nienawidzić do tego stopnia, że ogarnia je chęć zabicia drugiej osoby.

Ludzie ośmielają się czynić zło, ponieważ odkąd ich duchowość zanikła, ich grzeszna osobowość zawładnęła nimi. Z powodu grzechów zapomnieli o Bogu. Stali się jak zwierzęta, które posiadają tylko duszę i ciało. Osoby takie nie mogą wejść do królestwa niebieskiego, ani nie mogą nazywać Boga Ojcem. Właśnie dla odkupienia takich ludzi Jezus urodził się w stajence.

Jezus prawdziwym pokarmem duchowym

Dzieciątko Jezus leżało w żłobie, aby stać się prawdziwym pokarmem duchowym dla ludzi, którzy duchowo podobni byli do zwierząt (Jan 6,51).

Innymi słowy, zamiarem Boga było poprowadzenie ludzi ku zbawieniu poprzez przywrócenie zapomnianego obrazu Boga oraz przestrzeganie obowiązku każdego człowieka. Co to za obowiązek? Odpowiedź zawiera Księga Kaznodziei Salomona 12,13-14:

Wysłuchaj końcowej nauki całości: Bój się Boga i przestrzegaj jego przykazań, bo to jest obowiązek każdego człowieka. Bóg bowiem odbędzie sąd nad każdym czynem, nad każdą rzeczą tajną czy dobrą, czy złą.

Co to znaczy „bać się Boga"? W Księdze Przypowieści Salomona 8,13 jest napisane: *„Bać się Pana - znaczy nienawidzić zła; nienawidzę buty i pychy, złych postępków oraz przewrotnej mowy"*. Bać się Boga to nigdy więcej nie akceptować zła oraz wyrzucić je ze swojego serca.

Jeśli naprawdę boimy się Boga, powinniśmy robić co w naszej mocy, aby pozbyć się wszelkiego zła i grzechu, nawet za cenę przelewu krwi. Tak jak studenci, aby zapewnić sobie lepszą przyszłość uczą się w pocie czoła, tak i my powinniśmy z całej mocy być bogobojnymi, aby w nagrodę otrzymać Boże błogosławieństwo i miłość.

W Biblii znajdziemy wiele zasad, które Bóg daje swoim dzieciom: „zrób to, nie rób tego, dbaj o to, porzuć tamto". Z jednej strony są to nakazy odnoszące się do tego, co robić powinniśmy np. modlić się, kochać, dziękować i wiele innych. Z drugiej strony Bóg przestrzega nas przed uczynkami powodowanymi nienawiścią, cudzołóstwem lub pijaństwem, które prowadzą ku śmierci.

Stwórca prosi także, abyśmy przestrzegali pewnych nakazów: „dzień święty święcić", „dotrzymywać obietnic" i wiele innych. Ostrzega także, abyśmy dla własnego dobra „porzucili chciwość" oraz „unikali wszystkiego, co złe".

Obowiązkiem człowieka jest przestrzegać przykazań Bożych. W Dzień Sądu Ostatecznego Bóg rozliczy nas z naszych wszystkich, nawet najmniejszych uczynków, tych złych i dobrych. Jeśli żyjemy jak zwierzęta, nie przestrzegając przykazań Bożych, to podczas sądu Bożego zostaniemy skazani na piekło.

Dzieciątko Jezus leżało w żłobie, aby stać się prawdziwym pokarmem duchowym dla ludzi, którzy pod względem duchowym nie byli lepsi od zwierząt.

Życie Jezusa w ubóstwie

W Ewangelii Jana 3,35 napisano: *„Ojciec miłuje Syna i wszystko oddał w jego ręce"*. Z kolei w Liście do Kolosan 1,16 można przeczytać: *„Ponieważ w nim zostało stworzone wszystko, co jest na niebie i na ziemi, rzeczy widzialne i niewidzialne, czy to trony, czy panowania, czy nadziemskie władze, czy zwierzchności; wszystko przez niego i dla niego zostało stworzone"*. Innymi słowy, Jezus jest jedynym synem Boga Stwórcy oraz Panem wszystkiego na Ziemi i w niebie.

Dlaczego więc Pan przyszedł na świat jako osoba nisko urodzona oraz żył w ubóstwie, skoro w rzeczywistości był Panem wszystkiego, Wszechmogącym Bogiem?

Aby zbawić ludzi od życia w nędzy

W 2 Liście do Koryntian 8,9 napisano: *"Albowiem znacie laskę Pana naszego Jezusa Chrystusa, że będąc bogatym, stał się dla was ubogim, abyście ubóstwem jego ubogaceni zostali"*. Wers ten jest przejawem opatrzności, jaką roztacza nad nami Bóg Stwórca. Jego jedyny Syn, mimo że był Królem królów i Panem Panów, aby zbawić nas od nędzy, porzucił Boską chwałę, przyszedł na świat oraz żył w ubóstwie, będąc pogardzanym i lekceważonym przez ludzi.

Na początku Bóg stworzył człowieka, aby ten bez trudu i znoju mógł spożywać owoce ziemi. Jednak od chwili grzechu Adama człowiek, aby przeżyć musiał pracować w pocie czoła. Z tego powodu wielu ludzi żyje w niedostatku.

Bieda sama w sobie nie jest grzechem, a Jezus nie przelał krwi, aby przed nią nas uchronić. Mimo to ubóstwo pozostawało przekleństwem rzuconym na Adama. To dzięki Jezusowi wszyscy ubodzy stają się bogaci.

Niektórzy twierdzą, że życie w niedostatku, które prowadził Jezus oznacza, że był również ubogi duchowo. Jest to rozumowanie niewłaściwe, ponieważ należy pamiętać, że został On poczęty z Ducha Świętego oraz stanowi jedność z Bogiem Ojcem.

Należy także mieć na względzie fakt, że Jezus żył w niedostatku, aby zbawić nas od biedy, abyśmy mogli wieść życie pełne obfitości oraz żebyśmy dziękowali Bogu za jego miłość i dary.

Niektórzy mówią, że w modlitwie nie należy prosić o

pieniądze. Inni z kolei twierdzą, że wszyscy chrześcijanie powinni żyć w biedzie. Jednak żadne z tych twierdzeń nie jest zamiarem Boga dla człowieka. W Biblii można odnaleźć wiele błogosławieństw. Na przykład w Księdze Powtórzonego Prawa 28,2-6 napisano:

> *I spłyną na ciebie, i dosięgną cię wszystkie te błogosławieństwa, jeżeli usłuchasz głosu Pana, Boga twego. Błogosławiony będziesz w mieście, błogosławiony będziesz na polu. Błogosławione będzie twoje potomstwo, plon twojej ziemi, rozpłód twego bydła, miot twojej rogacizny i przychówek twoich trzód. Błogosławiony będzie twój kosz i twoja dzieża; Błogosławione będzie twoje wejście i twoje wyjście.*

W 3 Liście Jana 1,2 czytamy: „*Umiłowany! Modlę się o to, aby ci się we wszystkim dobrze powodziło i abyś był zdrów tak, jak dobrze się ma dusza twoja*". W rzeczywistości wszystkim wybrańcom Boga, Abrahamowi, Izaakowi, Jakubowi, Józefowi, czy Danielowi powodziło się bardzo dobrze.

Abyśmy wiedli pomyślne życie

Sprawiedliwy Bóg sprawia, że zbieramy to, co posiejemy. Tak, jak rodzice pragną dawać swoim dzieciom tylko to, co dobre, tak samo kochający Bóg pragnie dawać nam to, o co go poprosimy, jeśli tylko wierzymy Jego słowu (Mar. 11,24).

Bóg pragnie udzielać odpowiedzi na nasze pytania oraz

błogosławić nas. Jednak, jeśli o nic nie poprosimy lub prosimy nieroztropnie, to niczego nie otrzymamy. Gdy pragniemy zbierać owoce naszych wysiłków i prób bez uprzednich starań, kpimy z Boga oraz działamy wbrew Prawu Bożemu. Niektóre osoby mówią: „Chciałbym siać, jednak nie mogę, bo jestem za biedny". Niemniej jednak w Biblii możemy odnaleźć wiele przykładów ludzi biednych, którzy za swoje starania zostali sowicie wynagrodzeni i pobłogosławieni.

W Księdze 1 Królewskiej 17 czytamy o klęsce głodu, która spadła na krainę i trwała przez trzy i pół roku. W tym czasie w Sarepcie należącej do Sydonu, mieszkała wdowa, która z resztek pozostałej mąki i oleju upiekła dla proroka Eliasza chleb. Zadowolony z jej posług Bóg pobłogosławił ją obficie: odtąd naczynia z mąką i olejem pozostawały zawsze pełne, aż do zesłania przez Boga deszczu (1 Król. 17,14).

Kolejna historia: pewnego razu za czasów Jezusa, biedna wdowa ofiarowała na świątynię dwie monety o najniższym nominale. Mimo to Jezus pochwalił jej zachowanie mówiąc, że ofiarowała więcej niż wszyscy pozostali. Kobieta była biedna, a złożona ofiara była wszystkim, co posiadała, podczas gdy inni ofiarowali zaledwie część swojego bogactwa (Mar. 12,42-44).

Dlatego najważniejsze jest nastawienie, aby wszystko ofiarować Bogu. On nie patrzy na ilość, ale obficie nas błogosławi, gdy czuje zawartą w ofierze przyjemną woń miłości i wiary.

Biczowanie i przelanie krwi Zbawiciela

Żołnierze rzymscy przed ukrzyżowaniem wyśmiewali Jezusa oraz pogardzali Nim na wiele sposobów. Bili Go po twarzy, pluli na Niego, ukręcili również bicz ze skóry, który następnie obciążyli małymi ciężarkami i chłostali nim Jezusa. W tamtych czasach wojska rzymskie stanowiły jedną z najpotężniejszych i najbardziej zdyscyplinowanych sił zbrojnych na świecie. Armię rzymską tworzyli krzepcy mężczyźni. Jak wielki musieli zadawać ból Jezusowi, gdy smagali jego nagie ciało biczem, który rozdzierał tkanki aż do kości, sprawiając, że wokół tryskała krew.

Jezus nie starał się unikać smagnięć, aby mogła spełnić się przepowiednia Izajasza: *„Mój grzbiet nadstawiałem tym, którzy biją, a moje policzki tym, którzy mi wyrywają brodę; mojej twarzy nie zasłaniałem przed obelgami i pluciem"* (Izaj. 50,6).

Uleczyć chorych

Dlaczego Jezusa wychłostano? Dlaczego przelał swoją krew? Dlaczego Bóg dopuścił do tego? Wyjaśnienie cierpień Jezusa odnajdziemy w Księdze Izajasza 53:

Lecz on zraniony jest za występki nasze, starty za winy nasze. Ukarany został dla naszego zbawienia, a jego ranami jesteśmy uleczeni. Wszyscy jak owce zbłądziliśmy, każdy z nas na własną drogę zboczył, a Pan jego dotknął karą za winę nas wszystkich (Izaj.

53,5-6).

Jezus cierpiał i umarł za nasze występki i winy. Został ukarany, biczowany i krwawił, aby ofiarować nam pokój i uwolnić nas od wszelkich chorób.

Ewangelia Mateusza 9 opisuje Jezusa, który uzdrawia leżącego na macie paralityka. Na początku Syn Boży odpuszcza jego grzechy mówiąc „Ufaj, synu, odpuszczone są grzechy twoje", dopiero później powiada „Wstań, weź łoże swoje i idź do domu swego!"
Ewangelia Jana 5 przedstawia Jezusa, który uzdrawia człowieka chromego od trzydziestu ośmiu lat. *Mówi do niego: „Oto wyzdrowiałeś; już nigdy nie grzesz, aby ci się coś gorszego nie stało"* (Jan 5,14).
Według Biblii choroby są wynikiem naszych grzechów. Dlatego potrzeba, aby istniał ktoś, kto przebaczy nam grzechy i uwolni nas od chorób. Jednak grzechy nie zostaną odpuszczone bez przelania krwi (Ks. Kapł. 17,11).

W czasach Starego Testamentu, kapłan zabijał zwierzę jako ofiarę pokutną za popełnione grzechy. Zwyczaj ten stał się zbędny odkąd Jezus, który przyszedł na świat pod postacią człowieka, przelał swoją nieskazitelnie czystą i świętą krew na krzyżu. Jego krew odkupiła wszystkie nasze grzechy, zarówno przeszłe, teraźniejsze jak i przyszłe.

Aby uwolnić nas od naszych słabości i chorób

W Ewangelii Mateusza 8,17 jest napisane: *„Aby się spełniło,* *co przepowiedziano przez Izajasza proroka, mówiącego: On niemoce nasze wziął na siebie i choroby nasze poniósł"*. Jezus wyleczy nas z chorób i niedołęstwa, jeśli tylko uwierzymy oraz zrozumiemy, dlaczego Jezus został wychłostany i przelał swoją krew.

W 1 Liście Piotra 2,24 czytamy: *„On grzechy nasze sam na ciele swoim poniósł na drzewo, abyśmy, obumarłszy grzechom, dla sprawiedliwości żyli; jego sińce uleczyły was"*. Niniejsze czynności już zostały wykonane. Użycie formy dokonanej czasowników jest celowe, ponieważ Jezus odkupił już wszystkie grzechy ludzi.

Zatem dlaczego, mimo wiary w poświęcenie Jezusa za nasze grzechy i uwolnienie nas od słabości, i chorób, nadal niektórzy cierpią z powodu różnych dolegliwości?

W Księdze Wyjścia 15,26 Pan Bóg rzekł: *„Jeżeli pilnie słuchać będziesz głosu Pana, Boga twego, i czynić będziesz to, co prawe w oczach jego, i jeżeli zważać będziesz na przykazania jego, i strzec będziesz wszystkich przepisów jego, to żadną chorobą, którą dotknąłem Egipt, nie dotknę ciebie, bom Ja, Pan, twój lekarz"*. Oznacza to, że jeśli w oczach Boga postępujemy słusznie, to jego wzrok będzie jak oczyszczający ogień, który uchroni nas przed chorobami.

Rozważmy następujący przykład. Kiedy dziecko wraca do domu z płaczem, ponieważ zostało pobite przez dziecko sąsiadów, to postrzeganie całej sytuacji przez rodziców i ich reakcja mogą być różne w zależności od wiary.

Rodzice mogą pouczyć swojego malucha w ten sposób:

„Dlaczego tak się dajesz? Jeśli ktoś cię uderzy raz, to oddaj dwa lub trzy razy". Z kolei inni rodzice złożyliby skargę u rodziców rozrabiaki. Jednak są jeszcze tacy, którzy w ogóle nie zareagują, jedynie zdenerwują się, lecz zachowają to dla siebie.

Bóg poucza nas, abyśmy dobrem pokonywali zło, kochali swoich wrogów i dążyli do pokoju ze wszystkimi: *„A Ja wam powiadam: Nie sprzeciwiajcie się złemu, a jeśli cię kto uderzy w prawy policzek, nadstaw mu i drugi"* (Mat. 5,39). Jeśli w oczach Boga postępujemy słusznie, to z łatwością przychodzi dochowywanie Bożych nakazów. Jego łaska oraz moc spływa na nas za każdym razem, gdy modlimy się i staramy się robić wszystko jak najlepiej. Jest to tym bardziej proste, że pomaga nam wtedy Duch Święty.

Jeśli odrzucimy grzech i będziemy postępowali słusznie w oczach Boga, nie dotkną nas żadne choroby. A jeśli nawet zachorujemy, Bóg uzdrowiciel wyleczy nas i przebaczy nam nasze grzechy, gdy tylko zrozumiemy, co zrobiliśmy niewłaściwie i będziemy żałowali za to całym sercem.

Jeśli będziemy polegali tylko na wiedzy ludzkiej i w obliczu choroby udamy się jedynie do szpitala, Bóg będzie niezadowolony, ponieważ jedynie nasze słowa – nie czyny – świadczą o rzekomej wierze w Boga. Takie zachowanie świadczy o fałszywej wierze w Boga Wszechmogącego (2 Kron. 16).

Korona z cierni

Korona przeznaczona jest zwykle dla króla ubranego w królewskie szaty. Mimo że Jezus jest jedynym Synem Boga, Królem królów oraz Panem Panów, to zamiast korony wykonanej ze złota, srebra i klejnotów, nosił koronę z długich twardych cierni.

Wówczas żołnierze namiestnika zabrali Jezusa na zamek i zgromadzili wokół niego cały oddział. I zdjęli z niego szaty, i przyodziali go w płaszcz szkarłatny. I uplecioną z ciernia koronę włożyli na głowę jego, a trzcinę dali w prawą rękę jego, i upadając przed nim na kolana, wyśmiewali się z niego i mówili: Bądź pozdrowiony, królu żydowski! I plując na niego, wzięli trzcinę i bili go po głowie (Mat. 27,27-30).

Żołnierze rzymscy upletli koronę cierniową zbyt małą dla Jezusa i wcisnęli Mu ją na głowę tak, aby kolce przebiły skórę, a krew spływała po twarzy. Dlaczego Wszechmocny Bóg dopuścił do tego, aby Jego jedyny Syn nosił koronę z cierni i przelewał swoją krew, cierpiąc z bólu?

Powód pierwszy: Jezus nosił koronę z cierni, aby odkupić grzechy, które popełniamy w myślach.

Kiedy stworzony przez Boga człowiek rozmawiał z Bogiem i był posłuszny Jego słowu, nigdy nie popełniał grzechu, ponieważ jego myśli były zawsze zgodne z wolą Boga.

Jednak, gdy wąż zaraził myśli człowieka grzechem, dość szybko doszło do nieszczęścia. Adam nie zamierzał spożywać owocu z drzewa poznania dobra i zła. Zjadł je za namową Ewy, ponieważ owoc wyglądał tak wspaniale i stanowił obietnicę dodatkowej wiedzy.

Tak, jak niegdyś szatan kusił Adama i Ewę, aby sprzeciwili się woli Boga, tak i teraz prowadzi nas na pokuszenie.

Część komórek mózgowych człowieka odpowiada za pamięć. Przechowują one informacje na temat odczuć i powiązanych z nimi wydarzeń, osób oraz faktów. Wszystko to nazywamy wiedzą. Natomiast myślą nazywamy proces odtwarzania wiedzy poprzez duszę.

Dorastamy w różnych środowiskach. Wiedza, którą nabywamy słysząc, widząc, czy ucząc się, jest różna u poszczególnych osób. Nawet jeśli przyswojone informacje są takie same, to u każdego z nas towarzyszą im inne emocje. Stąd niemożliwe jest, aby ludzie wyznawali identyczne wartości.

Słowo Boże często jest sprzeczne z posiadaną przez nas wiedzą i wyznawanymi teoriami. Możemy na przykład uważać, że aby zostać wywyższonym musimy podjąć wszelkie kroki, aby pokonać wszystkich pozostałych ludzi. Jednak Bóg uczy, że wywyższony zostanie ten, kto poniża się (Mat. 23,12).

Wiele osób sądzi, że nienawiść do wroga jest czymś naturalnym, jednak Bóg rzekł „Miłujcie nieprzyjaciół waszych" oraz „Jeśli łaknie twój nieprzyjaciel, nakarm go chlebem, a jeśli pragnie, napój go wodą".

Myśli Boga związane są z duchowością, natomiast myśli człowieka są przyziemne, co doskonale wykorzystuje szatan.

Podsuwa on myśli przyziemne sprawiając, że oddalamy się zarówno od Boga, jak i szczerej wiary. Sprawia, że biegamy za pokusami światowymi, które prowadzą wprost do grzechu i wiecznej śmierci.

W Ewangelii Mateusza 16,21 oraz dalszych wersach Jezus wyjaśnia swoim uczniom, że będzie cierpiał i zostanie ukrzyżowany, aby trzeciego dnia zmartwychwstać. Słysząc to Piotr bierze Jezusa na stronę i zaczyna go upominać „*Miej litość nad sobą, Panie! Nie przyjdzie to na ciebie*" (wers 22). Na co Jezus zwraca się ku niemu i gniewnie mówi: „*Idź precz ode mnie, szatanie! Jesteś mi zgorszeniem, bo nie myślisz o tym, co Boskie, lecz o tym, co ludzkie*" (wers 23). Słowa „Idź precz ode mnie, szatanie!" nie odnoszą się do Piotra, a do szatana ukrytego w jego myślach, który stara się odwieść Jezusa od wykonania Bożego planu.

Przeznaczeniem Jezusa było zgodnie z wolą Bożą dźwigać krzyż dla zbawienia ludzkości, czemu starał się przeszkodzić szatan poprzez Piotra, wyrażającego swoje myśli.

Apostoł Paweł tak napisał w 2 Liście do Koryntian 10,3-6:

> *Bo chociaż żyjemy w ciele, nie walczymy cielesnymi środkami. Gdyż oręż nasz, którym walczymy, nie jest cielesny, lecz ma moc burzenia warowni dla sprawy Bożej; nim też unicestwiamy złe zamysły i wszelką pychę, podnoszącą się przeciw poznaniu Boga, i zmuszamy wszelką myśl do poddania się w posłuszeństwo Chrystusowi, gotowi do karania wszelkiego nieposłuszeństwa, gdy posłuszeństwo wasze*

będzie całkowite.

Powinniśmy pozbyć się naszego własnego sposobu rozumowania oraz argumentów, które są przeciwne Królestwu Bożemu. Aby żyć zgodnie z prawdą i w pełni stać się wierzącą osobą duchową, musimy wychwycić każdą myśl i sprawić, aby była poddana Chrystusowi. Należy wyzbyć się myśli, która szepce, aby ze względu na dumę, oddać temu, kto nas uderzy. Taka myśl jest myślą przyziemną, która jest niezgodna z prawdą. Powinniśmy porzucić wszystkie grzechy wypływające z naszych myśli. Aby pozbyć się ich zupełnie, musimy zacząć od myśli dotyczących żądzy: pożądliwości ciała, pożądliwości oczu, oraz pychy życia. Są to myśli kłamliwe, w których lubuje się szatan.

Żądza ciała, a dokładnie powstające w naszej psychice myśli, są pragnieniami wbrew woli Bożej. List do Galacjan wymienia listę pożądliwości, które rządzą ludzkim ciałem:

> *Jawne zaś są uczynki ciała, mianowicie: wszeteczeństwo, nieczystość, rozpusta, bałwochwalstwo, czary, wrogość, spór, zazdrość, gniew, knowania, waśnie, odszczepieństwo, zabójstwa, pijaństwo, obżarstwo i tym podobne; o tych zapowiadam wam, jak już przedtem zapowiedziałem, że ci, którzy te rzeczy czynią, Królestwa Bożego nie odziedziczą.*

Pożądliwością ciała jest samo pragnienie, aby robić to, co Bóg nakazuje nam porzucić.

Pożądliwość oczu oznacza, że osoba podąża za tym, co postrzega zmysłami wzroku i słuchu, które z kolei stymulują jej pragnienia. Osoba, która kieruje się pożądliwością oczu, kocha się świat, a przyziemne żądze mają w jej oczach najwyższą wartość. Takiej osobie trudno będzie odnaleźć satysfakcję w życiu.

W pogoni za zaspakajaniem swoich pragnień, człowiek kieruje się pożądliwością oczu. Kiedy doznaje przyziemnych rozkoszy, rodzi się w nim chełpliwy umysł. Tak powstaje pycha życia.

Aby ocalić nas od wszelkiej rozwiązłości, bezprawia i zła, Jezus przelał za nas swoją krew oraz nosił koronę z cierni. W ten sposób odkupił popełnione przez nas grzechy. Jego nieskazitelna krew miała moc zbawienną.

Powód drugi: Jezus nosił koronę cierniową, abyśmy my w niebie mogli nosić prawdziwe korony.

Kolejnym powodem dla którego Jezus nosił koronę cierniową było to, abyśmy my otrzymali w niebie prawdziwe korony. Wiodąc życie w ubóstwie, zbawił nas od biedy w zamian dając bogactwo. Nosił koronę cierniową, abyśmy my otrzymali lepsze życie w niebie.

W królestwie niebieskim przygotowana jest niezliczona ilość różnego rodzaju koron przeznaczonych dla dzieci Bożych. Bóg przygotował złote, srebrne i brązowe korony, które podobnie jak medale rozdawane atletom, zależnie od miejsca, które zajęli podczas zawodów, będą rozdawane dzieciom Bożym.

Istnieje nieznikomy wieniec, o którym wspomina 1 List do Koryntian 9,25: „*A każdy zawodnik od wszystkiego się wstrzymuje, tamci wprawdzie, aby znikomy zdobyć wieniec, my zaś nieznikomy*". Jest on przeznaczony dla dzieci Bożych, które starają się wyzbyć wszelkich grzechów. Dla tych, którzy porzucą wszystkie grzechy i będą chwalili Pana, żyjąc w zgodzie z Jego słowem, przeznaczona jest korona chwały (1 Piotra 5,4). Z kolei wieniec żywota otrzymają osoby gotowe z miłości do Niego oddać swe życie, osoby wierne Bogu i święte, które potrafią oprzeć się każdemu złu (Jak. 1,12; Obj. 2,10).

Wieniec sprawiedliwości jest należny tym, którzy jak apostoł Paweł nie tylko wyrzekli się grzechu, ale też wypełnili misję zgodnie z wolą Bożą (2 Tym. 4,8).

W Objawieniu Jana 4,4 jest napisane: „*A wokoło tronu dwadzieścia cztery trony, a na tych tronach siedzących dwudziestu czterech starców, odzianych w białe szaty, a na głowach ich złote korony*". Są one przeznaczone dla starszyzny, która będzie asystowała Bogu w Nowym Jeruzalem.

Słowo „starcy" nie odnosi się do prezbiterian, duchownych mających prawo prowadzenia nabożeństw i sprawowania sakramentów, ale do osób, które Bóg uważa za starszyznę ze względu na ich świętość oraz cenną, niezmienną wierność domowi Bożemu.

Bóg ofiaruje swym dzieciom korony w zależności od stopnia, w jakim wyzbędą się grzechu i wypełnią misję Bożą. Dzieci Boże otrzymają tym lepszą koronę i przywileje w niebie, im mniej będą myślały o tym, jak zaspokoić swoje grzeszne pragnienia, a zamiast tego będą postępowały zgodnie ze

Słowem Bożym (Rzym. 13,13-14), Duchem Świętym (Gal. 5,16) oraz będą wiernie wykonywały swoje obowiązki podczas misji na Ziemi.

Jezus, przelewając swoją krew i nosząc koronę cierniową, odkupił popełniane przez nas grzechy. Powinniśmy być mu wdzięczni, ponieważ dzięki temu zapewnił nam lepsze korony w niebie, które otrzymamy w zależności od naszej wiary i wypełnienia naszej misji na Ziemi.

Powinniśmy zdać sobie sprawę ze szczęścia, jakiego możemy dostąpić, kiedy otrzymamy od Boga korony. Tak, jak nasz Pan powinniśmy umieć odrzucać wszelkie zło, wypełniać naszą misję i dochowywać wierności domowi Bożemu. Żywię nadzieję, że każdy z nas otrzyma najlepszą koronę, na jaką zasługuje.

Szaty oraz suknia Jezusa

Z koroną cierniową na głowie, krwawiąc z powodu ran, Jezus dotarł na Golgotę – miejsce, gdzie został ukrzyżowany. Rzymscy żołnierze zdarli z Niego szaty i podzielili je równo między siebie. Suknię pozostawili w całości i rzucali o nią losy.

A gdy żołnierze ukrzyżowali Jezusa, wzięli szaty jego i podzielili na cztery części, każdemu żołnierzowi część, i zwierzchnią suknię. A ta suknia nie była szyta, ale od góry cała tkana. Tedy rzekli jedni do drugich: nie krajmy jej, rzućmy losy o nią, czyja ma być; aby się wypełniło Pismo, które mówi: Rozdzielili między siebie szaty moje A o suknię moją losy rzucali. To właśnie uczynili żołnierze (Jan. 19,23-24).

Historia Izraela od 70 roku n.e. ma ścisły związek z historią szat i sukni Jezusa, szczegółowo opisaną w Piśmie Świętym.

Odarcie Jezusa z szat i ukrzyżowanie

Według Ewangelii Mateusza 27,22-26 Poncjusz Piłat kazał ukrzyżować Jezusa na prośbę Izraelitów, którzy nie uznali Go za Mesjasza i śmiali się oraz pogardzali nim.

Jezus nosił koronę z cierni i był poniżany, następnie musiał nieść krzyż na Golgotę, gdzie został ukrzyżowany. Piłat rozkazał żołnierzom umieścić nad głową Jezusa napis z podaniem jego winy: *„Ten jest Jezus, król żydowski"* (Mat. 27,37).

Tekst napisano w trzech językach: greckim, łacińskim i hebrajskim. Ostatni z języków był językiem narodu wybranego - Żydów. Natomiast łaciński był oficjalnym językiem Cesarstwa Rzymskiego, które stanowiło potęgę tamtych czasów. Język grecki z kolei dominował w kulturze świata. Napis w trzech językach miał symbolizować, że cały świat uznał Jezusa jako króla żydowskiego oraz Króla królów.

Po przeczytaniu napisu na tabliczce (Jan 19,21-22), wielu Żydów zaczęło protestować i prosiło Piłata, aby zamiast „król żydowski" rozkazał umieścić „On powiedział: Jestem królem żydowskim", lecz Piłat odpowiedział: „Com napisał, tom napisał". I tak tablica pozostała niezmieniona. Oznacza to, że nawet on uważał Jezusa za króla żydowskiego.

I nie mylił się. Jezus naprawdę był Synem Bożym, Królem królów i Panem panów. Mimo to na oczach wielu Zbawiciel został obdarty z szat i ukrzyżowany. Jezusa Zbawiciela potraktowano w okrutny rozdzierający serce sposób. Żyjemy w grzesznym świecie, zapominając o większości nakazów religijnych i naszych powinnościach. A Król królów Jezus, aby odkupić nasze nieprzyzwoitości, wstyd, nikczemności, nieprawości i brak moralności, został odarty z szat i sukni, a następnie na oczach wielu upokorzony. Jeśli jesteśmy w stanie dostrzec duchowe znaczenie tych wydarzeń, z pewnością odczujemy wdzięczność za to, co zrobił dla nas Zbawiciel.

Podział szat Jezusa na cztery części

Żołnierze rzymscy odarli Jezusa z szat i ukrzyżowali Go. Zabrali jego ubrania i podzielili je na czworo między siebie, a o suknię rzucili losy.

Zdrowy rozsądek nakazuje myśleć, że ubrania te nie przedstawiały większej wartości zarówno materialnej, jak i estetycznej. Dlaczego więc żołnierze podzielili je między sobą rozdzierając na cztery części?

Czy byli na tyle przewidujący, aby wiedzieć, że Jezus zostanie ogłoszony Mesjaszem i pragnęli wziąć Jego ubrania jako cenną pamiątkę, którą ich rodziny mogłyby przekazywać sobie z pokolenia na pokolenie? Zapewne nie.

Bóg pozwolił żołnierzom rzymskim podzielić szaty między siebie, aby (Jan 19,24) spełniło się proroctwo z Księgi Psalmów

22,18: *"Mogę policzyć wszystkie kości moje... Oni przyglądają się, sycą się mym widokiem".*
Rodzi się pytanie o duchowe znaczenie szat Jezusa. Dlaczego zostały podzielone na cztery części, po jednej dla każdego z żołnierzy? Dlaczego nie podzielili jego sukni? Dlaczego Bóg pozwolił, aby zapis tych wydarzeń pojawił się dużo wcześniej? Jezus jest królem żydowskim, dlatego Jego szaty symbolizują naród Izraela lub Żydów. Gdy żołnierze rzymscy podzielili odzienie na czworo, straciło ono swój oryginalny fason. Oznacza to, że nazwa Izrael pozostanie, tak jak pozostały cztery części ubrania, lecz sam naród zostanie zniszczony. Było to zapowiedzią rozproszenia Żydów po całym świecie, a spełnienie się tego proroctwa potwierdza historia Izraela.

Po 40 latach od śmierci Jezusa na krzyżu Tytus, przyszły cesarz Rzymu zniszczył Jerozolimę, a wraz z nią została zrównana z ziemią Świątynia Jerozolimska. Naród Izraela przestał istnieć, a Żydzi mordowani i cierpiący prześladowania, rozproszyli się. Dlatego właśnie w obecnych czasach możemy spotkać ich niemal na całym świecie.

Mateusz (27,23) opisuje przerażającą scenę, w której Piłat stwierdza, że Jezus jest niewinny, a mimo to nikczemny lud krzyczy, aby go ukrzyżować. Wtedy prefekt, aby pokazać, że nie bierze odpowiedzialności za śmierć niewinnego Jezusa, umywa ręce w wodzie przed ludem mówiąc: *"Nie jestem winien krwi tego sprawiedliwego, wasza to rzecz"* (wers 24). Na co cały lud odrzekł: *"Krew jego na nas i na dzieci nasze"* (wers 25).

Niesłychanym jest to, że historia Izraela jest pełna opowieści o Żydach i ich potomkach, których krew została przelana, wypełniając słowa, które ich przodkowie wyrzekli przed Piłatem. Czterdzieści lat po śmierci Jezusa wymordowano 1,1 miliona Żydów. Kolejne sześć milionów zginęło z rąk nazistów podczas II Wojny Światowej. Film „Lista Shindlera" przedstawia liczne sceny, w których niezależnie od płci i wieku, tragicznie giną nadzy Żydzi. Przed egzekucją pozbawiano ich ubrań, podczas gdy pozostałym kryminalistom pozwalano założyć czyste odzienie.

W przeszłości Żydzi nie uwierzyli w Mesjasza. Zdarli z Jezusa szaty i ukrzyżowali go. Skazali siebie na lata strasznych cierpień krzycząc: „Krew jego na nas i na dzieci nasze".

Całodziana suknia Jezusa

W Ewangelii Jana 19,23 znajduje się opis sukni Jezusa: *„A ta suknia nie była szyta, ale od góry cała tkana"*. To, że „nie była szyta" oznacza, że suknię tworzył jednolity, pozbawiony szwów materiał. Rzadko zwracamy uwagę na sposób produkowania naszych ubrań oraz na to, czy szyte są one od góry do dołu, czy też od dołu do góry. Dlaczego więc Biblia podaje tak szczegółowy opis sukni Jezusa?

Według Słowa Bożego praojcem ludzkości był Adam, a Izraela Jakub, a nie jak niektórzy mogą mylnie sądzić Abraham, który był praojcem wiary. Od dwunastu synów Jakuba swój początek wzięło dwanaście plemion Izraela i to on jest założycielem narodu.

Bóg pobłogosławił Jakuba mówiąc (Ks. Rodz. 35,10-11):

Imię twoje jest Jakub; lecz odtąd nie będziesz się nazywał Jakub, ale imię twoje będzie Izrael. I nazwał go imieniem Izrael. Potem rzekł do niego Bóg: Jam jest Bóg Wszechmogący! Rozradzaj się i rozmnażaj się. Od ciebie pochodzić będzie naród, a nawet mnóstwo narodów, i królowie wywodzić się będą od ciebie.

Zgodnie z zacytowanymi słowami, dwunastu synów Jakuba stanowiło podstawy narodu Izraela, który pozostał zjednoczony do czasów Króla Roboama, który podzielił państwo hebrajskie na Królestwo Północne (Izrael) i Południowe (Judę).

Kilka lat później do Królestwa Północnego włączyli się poganie, a Juda pozostawała zjednoczona. W dzisiejszych czasach osoby narodowości żydowskiej i wyznawców judaizmu nazywamy Żydami. Całodziana suknia Jezusa, uszyta od góry do dołu symbolizuje zjednoczony naród Izraela, który zachował swoją tożsamość potomków Jakuba po dzień dzisiejszy.

Pozostawienie sukni Jezusa w całości i rzucanie o nią losów

W tym kontekście suknia symbolizuje serce narodu. Jezus był królem Izraela, dlatego suknia oznacza serce narodu żydowskiego.

Izraelici, którzy poprzez Abrahama, praojca wiary, stali się narodem wybranym, ponad wszystko inne czcili prawdziwego

Boga. Fakt, że tunika pozostała w całości oznacza, że duch narodu żydowskiego, który czcił prawdziwego Boga, został zachowany, mimo że pod względem politycznym lub w sprawach wewnętrznych Izrael jako państwo ulegał wielokrotnemu upadkowi.

Proroctwa bliblijne zawierają informacje o poganach, którzy nie będą w stanie zniszczyć ducha Izraelitów. Nawet w czasach, gdy Izrael został zniszczony przez bałwochwalców, ich serca i wiara w Boga pozostały nieugięte. Z tego powodu Bóg wybrał Izraelitów jako naród, przy pomocy którego odbudował swoje królestwo i przywrócił sprawiedliwość.

W obecnych czasach Izraelici nadal przestrzegają nakazy i prawa religijne, a ich serca pozostają niezłomne, tak jak niegdyś serce Jakuba, którego są potomkami. Jako naród zaskoczyli cały świat, gdy długo po tym jak utracili swój kraj, 14 maja 1948 roku ogłosili niepodległość. Od tego czasu państwo rozwijało się gwałtownie i zaczynało odgrywać coraz ważniejszą rolę jako jeden z krajów uprzemysłowionych. W ten sposób Żydzi ponownie pokazali wytrwałość i doskonałość narodowego ducha.

Tak, jak żołnierze rzymscy nie byli w stanie podzielić całodzianej od góry do dołu sukni Jezusa, tak poganie nie mogli zniszczyć ducha narodu izraelskiego, który czcił Boga. Potomkowie Jakuba odbudowali w końcu swój kraj i jako naród wybrany wypełnili wolę Boga.

Biblijna przepowiednia o końcu świata i Izraelu

Przepowiadając historię Izraela poprzez szaty Jezusa, Bóg wspomniał także o ostatnich dniach przez końcem świata. W Księdze Ezechiela 38,8-9 napisano:

Po wielu dniach otrzymasz rozkaz, w latach ostatecznych przyjdziesz do kraju uwolnionego od miecza i do ludu zebranego z wielu ludów na górach izraelskich, które długo były spustoszone; wszyscy oni wyprowadzeni spośród narodów, mieszkają bezpiecznie. Wyruszysz, jak burza nadciągniesz, jak obłok, aby okryć ziemię, ty i wszystkie twoje hufce oraz liczne ludy z tobą.

Wyrażenie „po wielu dniach" oznacza okres od urodzenia Jezusa do Jego ponownego przyjścia, natomiast fraza „w latach ostatecznych" odnosi się do ostatnich lat przed powtórnym przyjściem Jezusa. „Góry Izraelskie" to Jeruzalem, które leży ponad 760 metrów nad poziomem morza. Proroctwo, że w przyszłości zbiorą się ludzie z wielu krajów, dotyczy ludzi powracających do rodzimych stron Izraelitów, co nastąpi niedługo przed ponownym przyjściem Jezusa.

Przepowiednia ta spełniła się w 70 roku n.e., kiedy to Rzymianie zniszczyli Izrael, który choć zrujnowany, przetrwał aż do czasu uzyskania niepodległości w 1948 r. Dopiero wtedy został odbudowany i odrodził się jako jedno z najbardziej rozwiniętych państw na świecie.

W Nowym Testamencie możemy także odnaleźć proroctwo

dotyczące niepodległości Izraela. W Ewangelii Mateusza 24,32-34 Jezus mówi nam:

> *A od figowego drzewa uczcie się podobieństwa: gdy gałąź jego już mięknie i wypuszcza liście, poznajecie, że blisko jest lato. Tak i wy, gdy ujrzycie to wszystko, wiedzcie, że blisko jest, tuż u drzwi. Zaprawdę powiadam wam. Nie przeminie to pokolenie, aż się to wszystko stanie.*

Jest to odpowiedź Jezus na pytanie uczniów o jego ponowne przyjście i koniec świata.

Kiedy liście na drzewach opadają i wieje zimny wiatr wiemy, że zbliża się zima. Zupełnie inaczej jest, gdy nadchodzi lato, kiedy drzewa wypuszczają liście. Drzewo figowe symbolizuje Izrael. Poprzez tę przypowieść Jezus przekazuje uczniom, że po wielu latach zniszczony Izrael odrodzi się w chwili, gdy jego ludzie odzyskają niepodległość, a drugie przyjście Jezusa będzie bliskie.

Nie wiadomo, jak długo będzie trwało wspomniane przez Jezusa „pokolenie", ale wiemy, że Jego słowa na pewno się spełnią. Byliśmy już świadkami odzyskania niepodległości przez Izrael, możemy się, więc domyślać, że ponowne przyjście Zbawiciela nastąpi wkrótce.

Znaki zbliżania się końca świata

Gdy w Ewangelii Mateusza 24 uczniowie pytają Jezusa o

znaki zbliżania się końca świata, Jezus opisuje je dość szczegółowo, jednak nie podaje dokładnej daty mówiąc „*A o tym dniu i godzinie nikt nie wie; ani aniołowie w niebie, ani Syn, tylko sam Ojciec"* (Mat. 24,36).

Jako Syn Boży, który przyszedł na świat pod postacią człowieka, nie znał dokładnej godziny ani dnia. Nie oznacza to, że nie poznał tej daty będąc częścią Trójcy Świętej po tym jak został ukrzyżowany, zmartwychwstał i wstąpił do nieba.

Jezus opowiadał o znakach zbliżającego się końca świata i ostrzegał nas: „*A ponieważ bezprawie się rozmnoży, przeto miłość wielu oziębnie. A kto wytrwa do końca, ten będzie zbawiony"* (Mat. 24,12-13).

Dziś możemy dotkliwie odczuć rosnącą złość ludzi i brak miłości. Trudno nawet spotkać się z życzliwością. W Ewangelii Mateusza 24,14 Jezus powiedział: „*I będzie głoszona ta ewangelia o Królestwie po całej ziemi na świadectwo wszystkim narodom, i wtedy nadejdzie koniec"*. Ewangelia głoszona jest już we wszystkich zakątkach Ziemi.

Obecnie żyjemy w „globalnej wiosce" i przy pomocy rozmaitych środków transportu lub komunikacji jesteśmy w stanie dotrzeć do każdego miejsca na kuli ziemskiej. To także zostało przepowiedziane w Księdze Daniela 12,4: „*Ale ty, Danielu, zamknij te słowa i zapieczętuj księgę aż do czasu ostatecznego! Wielu będzie to badać i wzrośnie poznanie"*. Dzięki postępowi cywilizacyjnemu ewangelia rozprzestrzeniła się po całym świecie.

Prawdą jest, że nawet gdyby głoszono dobrą nowinę całemu światu, to znajdą się osoby, które w swoich sercach nie przyjmą i nie zaakceptują Jezusa. Mogą także istnieć odległe miejsca, w których ziarno ewangelii nie zostało jeszcze zasiane.

Jak dotąd, spełniły się nie tylko wszystkie proroctwa Starego Testamentu, ale i większość proroctw Nowego Testamentu. Całe Pismo Święte jest natchnione przez Ducha Świętego, dlatego nie zawiera najmniejszych błędów. Wszystkie słowa Boże pozostaną niezmienione. Spośród wszystkich proroctw zaledwie garstka jeszcze się nie wypełniła. Dotyczą one ponownego przyjścia Pana naszego Jezusa Chrystusa, okresu siedmioletniego ucisku, okresu pokoju, szczęścia i dobrobytu oraz sądu Bożego.

Przybicie dłoni i stóp Jezusa do krzyża

Ukrzyżowanie było jednym z najokrutniejszych sposobów wykonania wyroku śmierci przeznaczonym dla morderców i zdrajców. Ukaraną osobę kładziono na krzyżu, do którego przybijano jej dłonie i stopy. Tak potraktowany skazaniec wisiał na krzyżu i cierpiał olbrzymie męki aż do momentu śmierci.

Przez całe swoje życie Syn Boży czynił tylko dobro i był bez najmniejszej winy. Dlaczego więc przelał swoją krew na krzyżu i czemu przebito jego dłonie i stopy?

Ból towarzyszący przebiciu dłoni i stóp

Po otrzymaniu wyroku śmierci Jezus przybył na Golgotę, miejsce ukrzyżowania. Na rozkaz centuriona, żołnierze zaczęli przybijać Jezusa do krzyża. Jeden z nich trzymał w ręku duży żelazny gwóźdź, podczas gdy drugi z nich uderzał młotem. Następnie krzyż został podniesiony. Czy potrafimy wyobrazić sobie, jak bardzo bolesne musiało być ukrzyżowanie? Niewinny Jezus cierpiał męki, gdy wbijano gwoździe w Jego ciało i gdy po podniesieniu krzyża w przygwożdżonych miejscach tkanki rozrywały się pod wpływem ciężaru.

Śmierć poprzez ścięcie głowy była bezbolesna w porównaniu ze śmiercią na krzyżu, gdy skazańca wieszano, pozostawiano, aby się wykrwawiał i cierpiał z powodu odwodnienia oraz wyczerpania, aż do chwili śmierci.

Co więcej, w słoneczną pogodę na pustyni roiło się od insektów i robaków, które kłuły nagie ciało i wysysały krew płynącą z przebitych dłoni i stóp. Przyglądający się ludzie wytykali Jezusa palcami, pluli na Niego, wyśmiewali, przeklinali i obrzucali obelgami. Niektórzy nawet szydzili mówiąc: *„Ty, który rozwalasz świątynię i w trzy dni ją odbudowujesz, ratuj siebie samego, jeśli jesteś Synem Bożym, i zstąp z krzyża"* (Mat. 27,40).

Przez cały ten czas Jezus cierpiał z powodu nieznośnego bólu. Wiedział jednak, że poprzez cierpienie i śmierć na krzyżu odkupuje grzechy wszystkich ludzi i sprawia, że dzięki temu ponownie staną się dziećmi Bożymi. Jezus doświadczał ogromnego bólu ze względu na ludzi, którzy z powodu swojej wielkiej nikczemności nie otrzymali zbawienia oraz nie poznali się na opatrzności Bożej.

Grzechy popełnione rękami i nogami

Następstwem narodzonej w sercu grzesznej myśli jest grzech, który popełniamy rękami lub nogami. Ponieważ Prawo Boże mówi, że „zapłatą za grzech jest śmierć", grzesząc skazujemy się na wieczne cierpienia w piekle.

Dlatego właśnie Jezus powiedział: *„A jeśli cię gorszy noga twoja, odetnij ją; lepiej jest dla ciebie wejść kulawym do żywota, niż mieć dwie nogi, a być wrzuconym do piekła, (gdzie robak ich nie umiera, a ogień nie gaśnie), i jeśli cię gorszy oko twoje, wyłup je; lepiej jest dla ciebie jednookim wejść do Królestwa Bożego, niż mieć dwoje oczu, a być wrzuconym do piekła"* (Mar. 9,45-47).

Ile grzechów popełniliśmy za pomocą nóg i rąk od czasu naszych narodzin? Niektórzy w gniewie biją innych. Jedni kradną, inni tracą fortuny, uprawiając hazard. Potrafimy kopać za pomocą nóg. Nogi prowadzą nas często tam, gdzie iść nie powinniśmy. Dlatego jeśli grzeszymy za pomocą nogi, lepiej ją odciąć i wejść do nieba, niż mieć dwie nogi, a być wrzuconym do piekła.

A jak wiele grzechów popełniliśmy oczyma? Chciwość i cudzołóstwo niszczą serce człowieka, gdy chłonie wzrokiem to, na co patrzeć nie powinien. To, dlatego Jezus powiedział, że jeśli oczy nasze są przyczyną naszych grzechów, lepiej je wyłupać i wejść do nieba, niż mieć dwoje oczu, a być wrzuconym do piekła.

W czasach Starego Testamentu, jeśli ktoś popełnił grzech oczami, wyłupywano je. Gdy przyczyną grzechu były nogi lub ręce, odcinano je. Jeśli kogoś zamordowano, winnego kamienowano (Ks. Powt. Prawa 19,19-21).

Gdyby nie cierpienia Jezusa Chrystusa na krzyżu, to w dzisiejszych czasach dzieci Boże musiałyby odcinać sobie ręce, nogi lub wyłupywać oczy za każdym razem, gdy popełniłyby grzech. Jednak Zbawiciel niósł swój krzyż, do którego został przybity i przelał za nas swoją krew. W ten sposób zmył z nas wszystkie grzechy, dzięki czemu nie musimy cierpieć i sami płacić za grzech wysokiej ceny. Jak wielka jest Jego miłość!

Musimy jednak pamiętać, że nasze grzechy są odpuszczone tylko wtedy, gdy przyznamy się do winy, będziemy chodzić w światłości Jezusa Chrystusa i zwrócimy się do Niego.

Dlatego niezmiernie ważne jest, aby nasze serca przepełniała prawda, która będzie prowadzić nas do szczęśliwego życia, oraz abyśmy skupiali się na Bogu i byli zawsze wdzięczni i łaskawi.

Nogi Jezusa nie zostały połamane - Jego bok został przebity

Jezus zmarł w piątek, w dzień przygotowania do szabasu. Żydzi nie chcieli, aby w trakcie jego trwania ciała pozostawały na krzyżu. Z tego powodu poprosili Poncjusza Piłata o zgodę na połamanie golenia skazańcom i zdjęcie ich ciał (Jan 19,31).

Za jego pozwoleniem żołnierze połamali nogi przestępcom ukrzyżowanym po obu stronach Jezusa, jednak Jego oszczędzili, gdyż był już martwy. W owym czasie łamano golenie wszystkim ukrzyżowanym, ponieważ uważano ich za przeklętych. Fakt, że Jezusa pozostawiono w spokoju, jest oznaką Boskiej opatrzności, którą otoczony był Zbawiciel.

Dlaczego nie połamano nóg Jezusa?

Jezus, który był bez grzechu, został przeklęty i powieszony na krzyżu, aby ocalić ludzi od przekleństwa Prawa. Szatan nie mógł doprowadzić do połamania nóg Jezusa, ponieważ Jezus nie zmarł z powodu grzechów, a ze względu na Boski plan zbawienia ludzi.

Co więcej, Bóg czuwał nad Jezusem, aby nie połamano Jego kości i wypełniły się słowa z Księgi Psalmów 34,21: „*Strzeże wszystkich kości jego, żadna z nich się nie złamie*".

W Księdze Liczb 9,12 Bóg nakazuje Izraelitom, aby podczas spożywania baranka nie łamali mu kości. Zalecenie to powtarza się również w Księdze Wyjścia 12,46.

Baranek symbolizuje niewinnego Jezusa, który z miłości do nas stał się ofiarą pokutną, aby odkupić nasze grzechy. W Księdze Wyjścia czytamy: „*W jednym i tym samym domu ma być spożyta, ani kawałka tego mięsa nie wyniesiesz z domu na zewnątrz; ani kości z niej nie złamiecie.*" Zgodnie z Pismem Świętym, żadna z kości Jezusa nie została złamana.

Jego bok przebito włócznią

W Ewangelii Jana 19,32-34 przedstawiona jest kolejna przerażająca scena:

Przyszli więc żołnierze i połamali golenie pierwszemu i drugiemu, którzy z nim byli ukrzyżowani; A gdy podeszli do Jezusa i ujrzeli, że już umarł, nie połamali goleni jego; Lecz jeden z żołnierzy włócznią przebił bok jego i zaraz wyszła krew i woda.

Skoro Jezus nie żył, to dlaczego jeden z żołnierzy przebił włócznią Jego bok, powodując tym samym nagły wypływ krwi i wody? Jest to przykład tego, jak nikczemni potrafią być ludzie. Mimo, że Zbawiciel był Bogiem, nigdy nie domagał się traktowania na równi z Bogiem. Stał się nikim, przyjął rolę uniżonego sługi i przyszedł na świat pod postacią człowieka. Był posłuszny i upokorzył się jeszcze bardziej, umierając na krzyżu śmiercią przeznaczoną dla przestępców. W ten sposób otworzył nam drogę do zbawienia (Filip. 2,6-8).

W swoim życiu Jezus ofiarował więźniom wolność, bogactwo ubogim, oraz pomoc chorym i słabym. Był tak zajęty głoszeniem słów Bożych i wybawianiem dusz, że zaniedbywał spanie i jedzenie. Podczas gdy Jego uczniowie odpoczywali, On poszedł na górę, aby się modlić.

Wielu Żydów odnosiło się do niego z pogardą i oskarżało Go, mimo że czynił tylko dobro. W swojej podłości ukrzyżowali go na krzyżu, a żołnierz rzymski widząc, że jest martwy przebił jego bok. Ludzie ci byli jednymi z najbardziej niegodziwych.

Mimo to Bóg okazał nam swoją olbrzymią miłość, zsyłając na Ziemię swojego jedynego syna Jezusa Chrystusa, który umarł na krzyżu dla naszego zbawienia.

Krew i woda płynące z przebitego boku Jezusa

Tak jak wspomniano powyżej, rzymski żołnierz wiedząc, że Jezus zmarł, okazał się nikczemnikiem i przebił włócznią bok Jezusa, z którego wypłynęła woda i krew. Zdarzenie to ma trzy znaczenia.

Po pierwsze, stanowi dowód, że Jezus przyszedł na świat pod postacią człowieka. W Ewangelii Jana 1,14 czytamy: „*A Słowo ciałem się stało i zamieszkało wśród nas, i ujrzeliśmy chwałę jego, chwałę, jaką ma jedyny Syn od Ojca, pełne łaski i prawdy*". Bóg zstąpił na Ziemię pod postacią Jezusa.

Bóg nie mógł objawić się bezpośrednio, ponieważ na Jego widok grzesznicy giną. Dlatego Jezus przyszedł na świat jako Syn Człowieczy i dokonywał wielu cudów, abyśmy uwierzyli w Stwórcę.

Przedstawiony w Biblii Zbawiciel niczym się od nas nie różni. W Ewangelii Marka 3,20 napisano: „*I poszedł do domu. I znowu zgromadził się lud, tak iż nie mogli nawet spożyć chleba*". Z kolei w Ewangelii Mateusza 8,24 możemy przeczytać: „*I oto nawałnica wielka powstała na morzu tak, że fale łódź przykrywały. On zaś spał*".

Niektórzy mogą zastanawiać się, jak Syn Boży mógłby być głodny lub doświadczać bólu. Jednak musimy pamiętać, że jego ciało tworzyły kości i mięśnie. Dlatego tak, jak ludzie odczuwał ból, musiał jeść i spać.

Wypłynięcie krwi i wody z rany zadanej włócznią jest przekonującym dowodem, że Jezus, Syn Boży przyszedł na świat pod postacią człowieka.

Drugie znaczenie jest jednocześnie dowodem, że możemy doświadczać boskości będąc ludźmi. Bóg pragnie, aby Jego dzieci były święte i doskonałe, jak On sam. Dlatego powiedział: *„Świętymi bądźcie, bo Ja jestem święty"* (1 Piotr. 1,16) oraz *„Bądźcie wy tedy doskonali, jak Ojciec wasz niebieski doskonały jest"* (Mat. 5,48). Dodaje nam również otuchy i zachęca mówiąc: *„Przez które darowane nam zostały drogie i największe obietnice, abyście przez nie stali się uczestnikami boskiej natury, uniknąwszy skażenia, jakie na tym świecie pociąga za sobą pożądliwość"* (2 Piotr. 1,4) oraz *„Takiego bądźcie względem siebie usposobienia, jakie było w Chrystusie Jezusie"* (Filip. 2,5).

Jezus przyszedł na świat pod postacią człowieka i jako sługa Boży wypełnił swoją misję na Ziemi. Przeszedł wszystkie próby i pokonał wszelkie przeciwności, z miłością wypełniając prawa Boże i żyjąc wedle Jego słowa.

Mimo, że jak my był człowiekiem, zaakceptował z własnej woli ból i był posłuszny woli Bożej wykazując się wytrzymałością i opanowaniem. Przepełniony miłością, bez oporu i sprzeciwów, umarł dla nas na krzyżu.

W jaki sposób możemy doświadczać boskości dzięki miłości Jezusa Chrystusa?

Musimy ukrzyżować naszą grzeszną naturę pełną złości i pragnień. Powinniśmy posiadać duchową miłość i modlić się szczerze, aby dzięki nastawieniu podobnemu do Jezusowego, mieć swój udział w boskości.

Miłość cielesna jest samolubna i z czasem wygasa. Zakochani

ludzie potrafią zdradzić siebie nawzajem i cierpieć, gdy panuje między nimi niezgoda.

Z drugiej strony istnieje Bóg, który pragnie, abyśmy posiadali miłość cierpliwą, wyrozumiałą i bezinteresowną. Jest to miłość duchowa, która jest nieustająca i kwitnie każdego dnia. Swoim nastawieniem przypominamy Jezusa w takim stopniu, w jakim rozwiniemy miłość duchową i wyzbędziemy się wszelkiego zła poprzez szczerą modlitwę.

Szukając pomocy w Bogu poprzez post i modlitwy, każdy z nas może dostąpić łaski Bożej oraz doświadczyć mocy Stwórcy. Będziemy jaśnieć niczym słońce w królestwie niebieskim, jeśli otrzymamy Osiem Błogosławieństw (Mat. 5), posiądziemy miłość duchową i dziewięć owoców Ducha Świętego (Gal. 5).

Ostatnie znaczenie krwi i wody, które wypłynęły z boku Jezusa Chrystusa, jest bardzo istotne, bowiem mówi, że otwarta została przed nami droga do życia wiecznego w prawdzie.

Ponieważ Jezus pozbawiony był wszelkiego grzechu, krew i woda, które z niego wypłynęły były bez skazy i winy. Pod względem duchowym, to właśnie krew i woda miały moc przywracania do życia. Święta krew, którą przelał Zbawiciel, oczyściła nas z grzechów i sprawiła, że możemy zarówno zmartwychwstać, jak i dostąpić zbawienia oraz życia wiecznego.

Woda, która wypłynęła z ciała Jezusa symbolizuje wieczne źródło, którym jest słowo Boże. Zrozumienie go i życie w zgodzie z nim, a w następstwie odrzucenie grzechów sprawia, że zaczyna wypełniać nas prawda i stajemy się prawdziwymi dziećmi Bożymi.

Niewinny Jezus przelał za nas krew i oddał wszystko, abyśmy wiedli życie w prawdzie, choć byliśmy nie lepsi od zwierząt.

Mam nadzieję, że każdy z nas rozumie, iż zostaliśmy ocaleni, nie płacąc za to żadnej ceny. Zatem módlmy się w wierze, abyśmy mogli wieść owocne życie w Jezusie Chrystusie.

Rozdział 7

Siedem ostatnich słów Jezusa na krzyżu

- Ojcze, przebacz im
- Dziś będziesz ze mną w raju
- Niewiasto, oto syn twój!
  Oto matka twoja!
- *Eloi, Eloi, Lama Sabachthani?*
- Pragnę
- Wykonało się!
- Ojcze, w ręce twoje polecam
  ducha mego

PRZESŁANIE KRZYŻA

A Jezus rzekł: „Ojcze, odpuść im, bo nie wiedzą, co czynią (...)" (wers 34).

„(...) Drugi natomiast, odezwawszy się, zgromił tamtego tymi słowy: Czy ty się Boga nie boisz, choć taki sam wyrok ciąży na tobie? Na nas co prawda sprawiedliwie, gdyż słuszną ponosimy karę za to, co uczyniliśmy, Ten zaś nic złego nie uczynił. I rzekł: Jezu, wspomnij na mnie, gdy wejdziesz do Królestwa swego. I rzekł mu: Zaprawdę powiadam ci, dziś będziesz ze mną w raju. A była już mniej więcej godzina szósta i ciemność zaległa całą ziemię aż do godziny dziewiątej, Gdy zaćmiło się słońce; i rozdarła się zasłona świątyni na dwoje. A Jezus, zawoławszy wielkim głosem, rzekł: Ojcze, w ręce twoje polecam ducha mego. I powiedziawszy to, skonał" (wers 42-46).

Ewangelia Łukasza 23,34-46:

W ostatnich chwilach przed śmiercią większość osób wspomina swoje życie, a do swoich bliskich, rodziny i przyjaciół wypowiada ostatnie słowa, które pragniemy przekazać. Jezus, który stał się człowiekiem i przyszedł na świat otoczony opieką Pana, także przed śmiercią na krzyżu wypowiedział ostatnie słowa. Nazywamy je „siedmioma ostatnimi słowami Jezusa na krzyżu ". Poznajmy ich duchowe znaczenie.

Ojcze, przebacz im

Autor Listu do Filipian wspomina o Jezusie:

Takiego bądźcie względem siebie usposobienia, jakie było w Chrystusie Jezusie, który chociaż był w postaci Bożej, nie upierał się zachłannie przy tym, aby być równym Bogu, lecz wyparł się samego siebie, przyjął postać sługi i stał się podobny ludziom; a okazawszy się z postawy człowiekiem, uniżył samego siebie i był posłuszny aż do śmierci, i to do śmierci krzyżowej (Filip. 2,5-8).

Jezus pogodził się ze swoją śmiercią, aby być posłusznym Bogu i dać świadectwo miłości Bożej, otwierając przed grzesznikami drogę do zbawienia. Ludzie, którzy zgromadzili się wokół krzyża przyglądali się Mu, a ich przełożeni naśmiewali się z Mesjasza mówiąc: *"Innych ratował, niechże ratuje samego siebie, jeżeli jest Chrystusem Bożym, tym wybranym"* (Łuk. 23,35).

Żołnierze szydzili z Jezusa. Podając mu do wypicia ocet mówili: *"Jeżeli Ty jesteś królem żydowskim, ratuj samego siebie"* (wers 37). Jeden z ukrzyżowanych złoczyńców także urągał mówiąc: *"Czy nie Ty jesteś Chrystusem? Ratuj siebie i nas"* (wers 39).

A gdy przyszli na miejsce, zwane Trupią Czaszką, ukrzyżowali go tam, także i złoczyńców, jednego po prawicy, a drugiego po lewicy. A Jezus rzekł: Ojcze, odpuść im, bo nie wiedzą, co czynią. A przy dzieleniu się jego szatami rzucali losy (Łuk. 23,33-34).

Wydając ostatnie tchnienie, Jezus modlił się do Boga prosząc, aby im przebaczył: „Ojcze odpuść im, bo nie wiedzą, co czynią". Prosił Boga, aby przebaczył i okazał łaskę wszystkim, którzy nie wiedzą, że Syn Boży został ukrzyżowany dla odpuszczenia ich grzechów. Ludzie mogli nawet nie zdawać sobie sprawy, że grzeszą. Było to pierwsze z ostatnich wypowiedzianych przez Jezusa zdań.

Jezus pełen miłości modli się za ludzi, którzy go krzyżują

Jak wielka musi być miłość Jezusa, skoro mimo braku winy został skazany, a jednak modlił się za tych, którzy go ukrzyżowali. Syn Boży był jednością z Wszechmogącym Bogiem. Mógł w każdej chwili zejść z krzyża i uniknąć śmierci. Jednak zmarł, aby zgodnie z wolą Ojca wypełnił się plan zbawienia. Dlatego potrafił przetrwać wszystkie cierpienia i zniewagi, modlić się żarliwie z miłości do ludzi i prosić dla nich o przebaczenie.

Zdanie „Ojcze, odpuść im, bo nie wiedzą, co czynią" jest szczerą modlitwą Jezusa. Słowo „im" odnosi się nie tylko do ludzi, którzy ukrzyżowali oraz wyśmiewali Jezusa, ale i do wszystkich, którzy obecnie nie przyjmują Jezusa Chrystusa do serca, i żyją w ciemności. Tak, jak zgrzeszyli ludzie krzyżując Syna Bożego, tak samo grzeszą ci, którzy nie przyjęli Jezusa Chrystusa i Jego prawdy.

Szatan, nasz wróg, żyje w ciemności. Dlatego doprowadził do ukrzyżowania Jezusa Chrystusa, który jest prawdziwym światłem. W obecnych czasach diabeł posiada władzę nad osobami żyjącymi w ciemności i sprawia, że prześladują one ludzi chodzących w światłości.

Jak możemy zareagować, gdy widzimy krzywdę wyrządzaną przez tych, którzy nie znają prawdy?

Jezus na krzyżu, w pierwszym wypowiedzianym przez siebie zdaniu, mówi o chrześcijańskim nastawieniu, jakie powinniśmy mieć, oraz o tym, jak Bóg pragnie, abyśmy się zachowywali. W

Ewangelii Mateusza 5,44 jest napisane: *„A Ja wam powiadam: Miłujcie nieprzyjaciół waszych i módlcie się za tych, którzy was prześladują".* Dlatego powinniśmy modlić się za naszych prześladowców słowami „Ojcze przebacz im, bo nie wiedzą, co robią. Pobłogosław im, aby do swoich serc przyjęli Pana i żebyśmy spotkali się w niebie".

Dziś będziesz ze mną w raju

Na Golgocie, miejscu zwanym Trupią Czaszką, stał wysoki krzyż, na którym wisiał przybity Jezus a wraz z nim, po obu jego stronach, ukrzyżowani dwaj złoczyńcy (Łuk. 23,33).

Jeden z nich urągał Jezusowi, ale drugi czując skruchę, zganił go i zaakceptował Jezusa jako swego Zbawiciela. Wtedy Pan przyrzekł mu, że tego dnia znajdzie się wraz z nim w raju. Jest to drugie zdanie wypowiedziane przez Zbawiciela na krzyżu.

Tedy jeden z zawieszonych złoczyńców urągał mu, mówiąc: Czy nie Ty jesteś Chrystusem? Ratuj siebie i nas. Drugi natomiast, odezwawszy się, zgromił tamtego tymi słowy: Czy ty się Boga nie boisz, choć taki sam wyrok ciąży na tobie? Na nas co prawda sprawiedliwie, gdyż słuszną ponosimy karę za to, co uczyniliśmy, Ten zaś nic złego nie uczynił. I rzekł: Jezu, wspomnij na mnie, gdy wejdziesz do Królestwa swego. I rzekł mu: Zaprawdę powiadam ci, dziś będziesz ze mną w raju (Łuk. 23:39-43).

Jezus ogłosił się Mesjaszem, mającym moc przebaczania grzesznikom win, kiedy okażą skruchę. Zbawienie nastąpi właśnie dzięki drugiemu zdaniu wypowiedzianemu na krzyżu przez Jezusa.

Jeśli przeczytamy cztery ewangelie, to zauważymy, że odpowiedzi złoczyńców różnią się od siebie. W Ewangelii Mateusza 27,44 jest napisane: *„Tak samo urągali mu złoczyńcy, którzy z nim razem byli ukrzyżowani"*. Natomiast w Ewangelii Marka 15,32 jest napisane: *„Niechże Chrystus, król Izraela; zstąpi teraz z krzyża, abyśmy ujrzeli i uwierzyli. Także i ci, co z nim byli ukrzyżowani, urągali mu"*. Z przytoczonych ewangelii wynika, że z Jezusa szydzili obydwaj złoczyńcy.

Jednak w Ewangelii Łukasza 23 czytamy, że jeden ze winowajców zganił drugiego, okazał skruchę, zaakceptował Jezusa jako Zbawiciela, dzięki czemu uzyskał zbawienie. Niniejsze opisy nie stanowią jednak sprzeczności pomiędzy ewangeliami. Są one jedynie przejawem przychylności Boga, który pozwolił, aby każdy autor pisał na swój sposób. Biblia zwięźle łączy historyczne fakty z przesłaniem i wolą Boga. Na opisanie wszystkich szczegółów nie wystarczyłoby tysiące ksiąg świętych.

W obecnych czasach dzięki nagraniom wideo możemy odtworzyć dowolne zdarzenia z przeszłości. Dawniej takie urządzenia były niedostępne, nie wspominając już o możliwości zrobienia zdjęcia podczas ważnych wydarzeń. Można było jedynie opisać je, a dzięki niewielkim różnicom w tekstach, możemy w sposób bardziej realistyczny przeżyć wydarzenia tamtych dni.

Lepsze zrozumienie ukrzyżowania Jezusa

Gdy Jezus głosił ewangelię, podążały za nim wielkie tłumy ludzi. Niektórzy z nich pragnęli posłuchać tego, co mówił, inni zamierzali zobaczyć znaki i cuda, a jeszcze inni chcieli się posilić. Byli też tacy, którzy sprzedawali swoje posiadłości, aby podążać za Jezusem i służyć mu.

W Ewangelii Łukasza 9 Jezus pobłogosławił i rozmnożył pięć bochenków chleba i dwie ryby, aby mogło najeść się około pięciu tysięcy ludzi (Łuk. 9,12-17). Wyobraźmy sobie jak wielu tych, którzy go kochali lub nienawidzili, zgromadziło się w miejscu, gdzie został ukrzyżowany. Tłum stłoczył się wokół krzyża do tego stopnia, że żołnierze musieli odpychać ludzi tarczami i grozić włócznią. Krzyczący ludzie, którzy otoczyli kręgiem krzyż, ubliżali Jezusowi, podobnie jak dwaj złoczyńcy wiszący razem z Nim.

Kto był w stanie usłyszeć, co dokładnie powiedział pierwszy z nich? Prawdopodobnie panował taki zgiełk, że słowa Jezusa wyłowili uchem tylko stojący najbliżej Niego. Drugi ze złoczyńców powiedział coś, odwracając głowę w stronę Jezusa i krzywiąc się na twarzy. Osoby będące w oddali mogły odnieść wrażenie, że urąga ukrzyżowanemu Jezusowi, kiedy tak naprawdę zganił on swojego kompana i wyraził skruchę.

W warunkach wielkiego gwaru ewangeliści Mateusz i Marek mogli nie dosłyszeć złoczyńcy i mylnie zinterpretować jego zachowanie, jako obraźliwe w stosunku do Jezusa.

Z kolei Łukasz przebywał w innym miejscu. Wyraźnie usłyszał wszystkie słowa i w swojej ewangelii napisał, że jeden ze złoczyńców wyraził skruchę. Z powyższego wynika, że autorzy znajdowali się w różnych miejscach, dlatego ich relacje z wydarzeń mogą wydać się niespójne. Wszechwiedzący Bóg pozwolił, aby teksty te różniły się miedzy sobą. Dzięki temu późniejsze pokolenia mogą wyraźnie dostrzec i zrozumieć, jak dokładnie wyglądały tamte wydarzenia.

Miejsce w niebie dla skruszonego złoczyńcy

Złoczyńcy, który okazał skruchę Jezus przed śmiercią obiecał: „Zaprawdę powiadam ci, dziś będziesz ze mną w raju". I tam też trafił.

Rozmiary nieba, które jest królestwem Bożym są niewyobrażalne. W Ewangelii Jana 14,2 Jezus mówi: *„W domu Ojca mego wiele jest mieszkań; gdyby było inaczej, byłbym wam powiedział. Idę przygotować wam miejsce"*. Autor psalmów namawia nas: *„Chwalcie go, najwyższe niebiosa i wody nad niebiosami!"* (Ps. 148,4). W Księdze Nehemiasza 9,6 odnajdziemy uwielbienie Boga, który stworzył niebiosa, a nawet niebiosa niebios. 2 List do Koryntian zawiera zapis: *„Znałem człowieka w Chrystusie, który przed czternastu laty - czy to w ciele było, nie wiem, czy poza ciałem, nie wiem, Bóg wie - został uniesiony w zachwyceniu, aż do trzeciego nieba"*. W Objawieniu Jana 21,2 mowa jest o Nowym Jeruzalem, w którym znajduje się tron Boży.

W niebie istnieje wiele miejsc do zamieszkania, jednak to nie my je wybieramy, a sprawiedliwy Bóg przydziela je nam odpowiednio do naszych zasług na Ziemi: jak bardzo naśladujemy Pana w naszych działaniach, czy nasze uczynki są zgodne z wolą Bożą, ile skarbów zgromadziliśmy już w niebie, itp. (Mat. 11,12; Obj. 22,12).

W Ewangelii Jana 3,6 napisano: *„Co się narodziło z ciała, ciałem jest, a co się narodziło z Ducha, duchem jest"*. Od tego, w jakim stopniu uniezależnimy się od rzeczy przyziemnych i staniemy się osobami duchowymi, zależy nasze miejsce w niebie.

Ponieważ Bóg panuje nad wszystkim, każdy obszar w niebie jest przepiękny. Jednak i tam istnieją różnice między dużym miastem a wsią, stylem życia, zainteresowaniami, itp. Święte miasto - Nowe Jeruzalem jest najokazalsze. Znajdują się w nim tron Boży, będący mieszkaniem dla osób, które najbardziej zbliżą się do Pana.

Złoczyńca, który w ostatnich minutach przed śmiercią okazał skruchę, trafił do raju znajdującego się na obrzeżach nieba. Mieszka tam wielu ludzi, którzy przyjęli Jezusa Chrystusa do swego serca i otrzymali zbawienie, jednak nie podjęli wysiłku przemiany duchowej.

Dlaczego skruszony złoczyńca trafił do raju?

Ponieważ w swoim dobrym sercu przyznał się do swoich grzechów i zaakceptował Jezusa jako swego Zbawiciela. Jednak nigdy nie wyzbył się swoich grzechów, nie żył zgodnie ze Słowem Bożym, ani nie głosił dobrej nowiny innym. Nie służył Panu. Nigdy nie zrobił niczego, aby zasłużyć na nagrodę w niebie, dlatego zamieszkał w raju na najniższym poziomie nieba.

Jezus trafia do Szeolu

Słowa skierowane do złoczyńcy: „dziś będziesz ze mną w raju" nie oznaczają, że Jezus mieszka tylko tam, bowiem Król królów i Pan panów rządzi, i mieszka wraz z dziećmi Bożymi w całym niebie, zarówno w raju, jak i w Nowym Jeruzalem. Przebywa w całym królestwie niebieskim.

Mówiąc „dziś będziesz ze mną w raju", poprzez słowo „dziś" Jezus nie miał na myśli tego konkretnego dnia, kiedy umarł na krzyżu, ani żadnego innego. Zbawiciel dał do zrozumienia, że od chwili, w której skruszony złoczyńca stał się dzieckiem Bożym, będzie mu zawsze towarzyszył.

W Biblii czytamy, że Jezus po śmierci nie trafia do nieba. W Ewangelii Mateusza 12,40 Syn Boży mówi do faryzeusza: *„Albowiem jak Jonasz był w brzuchu wieloryba trzy dni i trzy noce, tak i Syn Człowieczy będzie w łonie ziemi trzy dni i trzy noce"*. W Liście do Efezjan 4,9 jest napisane: *„A to, że wstąpił, cóż innego oznacza, aniżeli to, że wpierw zstąpił do podziemi?"*

Z kolei w 1 Liście Piotra 3,18-19 czytamy: *„Gdyż i Chrystus raz za grzechy cierpiał, sprawiedliwy za niesprawiedliwych, aby was przywieść do Boga; w ciele wprawdzie poniósł śmierć, lecz w duchu został przywrócony życiu. W nim też poszedł i zwiastował duchom będącym w więzieniu"*. Zanim został wskrzeszony dnia trzeciego, Jezus trafił do Szeolu, gdzie głosił ewangelię przebywającym tam duszom. Czy było to konieczne?

Tak, ponieważ przed przyjściem na świat Jezusa, w czasach

Starego Testamentu, a nawet w czasach Nowego Testamentu, wiele osób żyjących w zgodzie z Bogiem nie miało okazji usłyszeć ewangelii. Czy fakt, iż nie wiedzieli, kim jest Jezus Chrystus miał skazywać ich na piekło? Bóg posłał swojego jedynego Syna, aby zbawił tych, którzy przyjmą Go do swych serc. Stworzyciel nigdy nie roztoczyłby swojej opieki nad ludźmi tylko po to, aby ocalić tych, którzy uwierzyli w Jezusa Chrystusa dopiero po Jego śmierci na krzyżu. Dlatego ludzie, którzy nie zetknęli się z dobrą nowiną będą sądzeni według czystości sumienia.

Wszyscy o dobrych sercach trafiają do raju. Pozostali zaś do Hadesu, gdzie ich grzeszne dusze czekają na Dzień Sądu Ostatecznego. Po ukrzyżowaniu Jezus trafił do Szeolu, gdzie głosił ewangelię tym, którzy jej nie słyszeli, a mieli czyste sumienia i zasługiwali na zbawienie.

Nie ma żadnego innego imienia pod niebem, danego ludziom poza imieniem Jezusa Chrystusa, przez które moglibyśmy wstąpić do nieba. Zstąpił On do Szeolu i nauczał przebywające tam dusze, aby przyjęły Go i zostały zbawione.

Według Biblii na łono Abrahama trafiały wszystkie dusze zbawione przed ukrzyżowaniem Jezusa (Łuk. 16,22), jednak po Jego zmartwychwstaniu zabrane zostały do Boga.

Zbawienie stosownie do osądu sumienia

Jeszcze zanim Jezus przyszedł na świat, aby głosić ewangelię, wielu dobrych ludzi podążało za głosem sumienia w swoich sercach. Jest to prawo sumienia. Słuchając głosu swych serc prawi ludzie nie czynili zła nawet, jeśli popadali w tarapaty, lub musieli zmagać się z wieloma przeciwnościami.

W Liście do Rzymian 1,20 jest napisane: *„Bo niewidzialna jego istota, to jest wiekuista jego moc i bóstwo, mogą być od stworzenia świata oglądane w dziełach i poznane umysłem, tak iż nic nie mają na swoją obronę".*

Na podstawie obserwacji wszechświata i panującej w nim harmonii, ludzie o dobrych sercach wierzą, że istnieje życie wieczne. W swojej bogobojności pilnują się, aby nie czerpać szczęścia z przyziemnych przyjemności oraz panują nad swoją grzeszną naturą.

Ponadto w Liście do Rzymian 2,14-15 czytamy: *„Skoro bowiem poganie, którzy nie mają zakonu, z natury czynią to, co zakon nakazuje, są sami dla siebie zakonem, chociaż zakonu nie mają; dowodzą też oni, że treść zakonu jest zapisana w ich sercach; wszak świadczy o tym sumienie ich oraz myśli, które nawzajem się oskarżają lub też biorą w obronę".*

Bóg nadał Prawo Izraelitom, nie zaś poganom, którzy jednak, jeśli słuchają swoich serc oraz sumienia, to zdają się żyć według niego. Niektóre osoby mogły nigdy nie mieć styczności z naukami Zbawiciela. Dlatego nawet ci, którzy nie wierzą w Jezusa Chrystusa mogą zostać zbawieni.

Pośród tych, którzy zmarli, nie słysząc nigdy o Jezusie Chrystusie, byli ludzie o czystych sercach, którzy potrafią panować nad sobą i zwalczać złe myśli. Tacy ludzie zostaną zbawieni zgodnie z Bożym sądem sumienia.

Niewiasto, oto syn twój!
Oto matka twoja!

Apostoł Jan napisał, że widział Jezusa wiszącego na krzyżu i słyszał, co mówił. Wokół zgromadzonych było wiele kobiet: Maria - matka Jezusa i jej siostry, Salome, Maria - żona Kleofasa i Maria Magdalena. W Ewangelii Jana 19,26-27 Jezus powiedział zasmuconej Matce, aby traktowała Jana jako swojego syna, a Janowi by opiekował się Marią jak swoją matką.

Kiedy więc Jezus ujrzał Matkę i stojącego obok Niej ucznia, którego miłował, rzekł do Matki: Niewiasto, oto syn Twój. Następnie rzekł do ucznia: Oto Matka twoja. I od tej godziny uczeń wziął Ją do siebie.

Dlaczego Jezus powiedział do Marii „niewiasto" zamiast „matko"?

Jezus nie wypowiada słowa „matka", jednak Jan ze swojej perspektywy przedstawia to właśnie w taki sposób. Dlaczego Jezus nazywa swoją rodzicielkę niewiastą? W całej Biblii Jezus nigdy nie nazywa Marii matką.

Przykładowo, w Ewangelii Jana 2,1-11, Jezus po tym jak zaczął nauczać zamieniając wodę w wino, dokonuje pierwszego cudu. Zdarzenie ma miejsce w Kanie Galilejskiej podczas uroczystości weselnej, na którą zaproszeni zostali Jego uczniowie. Kiedy zabrakło wina, Maria zwróciła się do Jezusa: „Nie mają już wina", ponieważ wiedziała, że jest On Synem Bożym i potrafił dokonać przemiany. Jezus odpowiada: „*Czyż to moja lub Twoja sprawa, Niewiasto? Jeszcze nie nadeszła godzina moja*" (wers 4).

Jezus dał Marii do zrozumienia, że nie nadszedł jeszcze czas, aby ujawnił się jako Zbawiciel, mimo że Marii było przykro z powodu braku wina dla gości. Przemiana wody w wino jest z duchowego punktu widzenia przepowiednią o przelaniu krwi Jezusa na krzyżu.

Syn Boży dał w ten sposób do zrozumienia, że przyszedł na świat i stanie się Zbawicielem poprzez śmierć na krzyżu i wypełnienie Bożego planu zbawienia.

Ponadto, trójjedyny Bóg objawia się człowiekowi jako Ojciec, Duch Święty i Syn Boży, jednak każda z tych osób jest tym samym, jednym Bogiem. Bóg Stwórca jest tym, który JEST (Ks. Wyjścia 3,14) oraz jest pierwszym i ostatnim (Ap. 1,17, 2,8). Syn Boży został zrodzony z Ojca a nie stworzony, dlatego zamiast określać Marię matką, nazywa ją niewiastą.

W obecnych czasach wiele dzieci Bożych nazywa Marię „matką świętą", a nawet buduje jej pomniki i składa jej cześć. Musimy zrozumieć, że takie postępowanie jest niewłaściwe, ponieważ nie jest ona rzeczywistą matką naszego Zbawiciela (Ks. Wyjścia 20,4).

Obywatelstwo niebieskie

Jezus pocieszał Marię, która cierpiała, widząc Go ukrzyżowanego. Powiedział swojemu umiłowanemu uczniowi Janowi, aby opiekował się nią jak swoją matką. Mimo olbrzymiego bólu, którego odczuwał wisząc na krzyżu, nadal martwił się, co po Jego śmierci stanie się z Marią. Kiedy czytamy ten fragment Pisma Świętego, możemy odczuć wielką miłość Jezusa.

W oparciu o trzecie zdanie Jezusa wypowiedziane na krzyżu możemy zdać sobie sprawę, że wszyscy jesteśmy braćmi i siostrami w wierze – jedną Bożą rodziną. W Ewangelii Mateusza 12 opisana jest scena, w której rodzina Jezusa przychodzi i chce z Nim porozmawiać. Kiedy ktoś informuje Go, że Jego matka i bracia czekają na Niego na zewnątrz, Jezus odpowiada:

> *A On, odpowiadając, rzekł temu, co mu to powiedział: Któż jest moją matką? I kto to bracia moi? I wyciągnąwszy rękę ku uczniom swoim, rzekł: Oto matka moja i bracia moi! Albowiem ktokolwiek czyni wolę Ojca mojego, który jest w niebie, ten jest moim bratem i siostrą, i matką (Mat. 12,48-50).*

Kiedy przyjmiemy Jezusa Chrystusa do naszych serc, z czasem nasza wiara wzrasta. Czujemy coraz wyraźniej, że jesteśmy obywatelami nieba. Zaczynamy kochać naszych braci i siostry w Chrystusie bardziej niż biologicznych członków rodziny, z którymi jeśli nie są dziećmi Bożymi, będziemy musieli się kiedyś rozstać. Relacje rodzinne zostają zerwane w momencie śmierci. Jeśli rodzina nie wierzyła w Zbawiciela lub nie żyła zgodnie z wolą Bożą tylko słowem wyznając wiarę to trafi do piekła, ponieważ zapłatą za grzech jest śmierć (Mat. 7,21).

Nasze ciała po śmierci obracają się w proch, lecz nasz duch

jest nieśmiertelny. Kiedy zabiera go Bóg, ciała są martwe i ulegają rozkładowi. Pan Bóg ukształtował człowieka z prochu ziemi i tchnął w jego nozdrza dech życia. Wtedy człowiek posiadł nieśmiertelnego ducha. Ponieważ to Wszechmogący jest tym, który podarował nam nieśmiertelnego ducha i stworzył ciało, to On jest naszym prawdziwym Ojcem.

W Ewangelii Mateusza 23,9 napisano: „*Nikogo też na ziemi nie nazywajcie ojcem swoim; albowiem jeden jest Ojciec wasz, Ten w niebie*". Nie oznacza to, że nie powinniśmy kochać osób niewierzących w naszej rodzinie. Przeciwnie, jest niezmiernie ważne, aby kochać ich szczerze, przekazywać im dobrą nowinę i ułatwić przyjęcie Jezusa Chrystusa do serca.

Eloi, Eloi, Lama Sabachthani?

Jezus został ukrzyżowany o godzinie trzeciej, a o szóstej nad Ziemią zapanowała ciemność. Mrok trwał do godziny dziewiątej do czasu, kiedy Syn Boży skonał. Przekładając to na uznawany obecnie na świecie czas, Jezus został ukrzyżowany o dziewiątej rano, trzy godziny później, czyli w południe nad Ziemią zapadła ciemność, która trwała do godziny piętnastej.

A o godzinie szóstej ciemność zaległa całą ziemię, do godziny dziewiątej. O godzinie dziewiątej zawołał Jezus donośnym głosem: Eloi, Eloi, lama sabachtani? Co się wykłada: Boże mój, Boże mój, czemuś mnie opuścił? (Mar. 15,33-34).

Sześć godzin później o godzinie dwudziestej pierwszej Syn Boży zawołał do Ojca niebieskiego: „Eloi, Eloi, lama sabachtani?". Jest to czwarte zdanie wypowiedziane przez Jezusa na krzyżu. Jezus był wyczerpany. Na spalonej słońcem pustyni Jezus wisiał na krzyżu przez sześć godzin, a z jego ran nieustannie sączyła się woda i krew. Zupełnie stracił siły. Zatem jak zdołał zawołać donośnym głosem?

Musimy pamiętać, że każde z ostatnich siedmiu zdań wypowiedzianych przez Jezusa na krzyżu ma znaczenie duchowe. Gdyby nie zostały wypowiedziane wystarczająco głośno, na nic by się nie zdały, ponieważ wszystkie siedem zdań musiało zostać bezbłędnie zapisanych w Biblii, aby później wszyscy mogli poznać wolę Bożą. Dlatego Jezus najgłośniej jak potrafił wypowiedział ostatnich siedem zdań, aby jak najwięcej osób mogło je usłyszeć i zapisać.

Niektórzy twierdzą, że Syn Boży mówił donośnym głosem, ponieważ gniewał się na Boga, który zesłał Go na świat pod postacią człowieka i niepotrzebnie kazał znosić straszny ból. Jednak to nieprawda.

Dlaczego Jezus zawołał donośnym głosem: „Eloi, Eloi, Lama Sabachtani?"

Syn Boży zstąpił na Ziemię, aby zniszczyć dzieła szatana i otworzyć nam drogę do zbawienia. Z tego powodu poświęcił wszystkie siły na wykonanie dzieła, które zlecił mu Bóg. Przed ukrzyżowaniem modlił się jeszcze usilniej, a Jego pot był jak gęste krople krwi sączące się na Ziemię (Łuk. 22,42-44). Nosił swoje brzemię wiedząc, że będzie cierpiał na krzyżu. Jednak zniósł maltretowanie i gehennę na krzyżu, ponieważ znał Boży plan zbawienia ludzi. Jak w takiej sytuacji Jezus mógł czuć urazę do Boga? Jego wołanie nie było powodowane poczuciem krzywdy. Syn Boży miał swoje powody, by donośnie wołać do Boga.

Powód pierwszy: Jezus pragnął ogłosić światu, że został ukrzyżowany, aby zbawić od grzechu wszystkich grzeszników

Chciał, aby wszyscy zrozumieli, że porzucił chwałę niebieską oraz, mimo że był jedynym synem Boga, został zupełnie przez Niego opuszczony. Zawołał, żeby wszyscy wiedzieli o Jego wielkich cierpieniach na krzyżu, a wszystko to dla odkupienia naszych win. Jezus przedstawiony w Biblii mówił do Boga „mój Ojcze", jednak na krzyżu woła do niego „mój Boże". Stało się tak dlatego, że niósł krzyż za grzeszników, którzy nie mogą 'ojcem' nazywać Boga.

W tej chwili Bóg opuścił Jezusa, który stał się grzesznikiem niosącym grzechy wszystkich ludzi - sam Zbawiciel nie śmiał wołać do Boga „mój Ojcze". My zachowujemy się podobnie. Kiedy przepełnia nas miłość wołamy do Boga „Abba Ojcze", natomiast mówimy „Boże" wówczas, gdy z powodu grzechów lub słabej wiary oddalamy się od Stwórcy.

Bóg pragnie, abyśmy poprzez Jezusa Chrystusa chodzili w światłości i stali się Jego prawdziwymi dziećmi, które zwracają się do Niego 'Ojcze'.

Powód drugi: Jezus pragnie ostrzec ludzi pogrążonych w ciemności, którzy nie znają woli Bożej

Bóg pozwolił, aby ludzie, których sam stworzył, wyśmiewali i ukrzyżowali zesłanego na świat Jego jedynego syna Jezusa Chrystusa. Syn Boży znał powód, dla którego został opuszczony przez Boga, jednak tłum, który Go ukrzyżował, zupełnie nie rozumiał woli Bożej. Aby nieświadomy lud pojął miłość Bożą i okazał skruchę, a w konsekwencji wkroczył na drogę zbawienia, Zbawiciel zawołał „Boże mój, Boże mój, czemuś mnie opuścił?"

Pragnę

Stary Testament zawiera wiele przepowiedni na temat cierpień Jezusa na krzyżu. W Księdze Psalmów 69,22 jest napisane: *„Dodali żółci do pokarmu mego, a w pragnieniu moim napoili mnie octem"*. Zgodnie z proroctwem Psalmu, kiedy Jezus powiedział „pragnę", podano mu do ust natkniętą na łodygę hizopu gąbkę nasączoną octem winnym.

Potem Jezus, wiedząc, że się już wszystko wykonało, aby się wypełniło Pismo, powiedział: Pragnę. A stało tam naczynie pełne octu; włożywszy więc na pręt hizopu gąbkę nasiąkniętą octem, podali mu do ust (Jan. 19,28-29).

Na długo przed narodzinami Jezusa Chrystusa w mieście Betlejem, autor psalmów spisał swoją wizję, w której Syn Boży umrze na krzyżu. Jezus rzekł „pragnę", aby wypełniło się słowo zapisane w Piśmie Świętym.

Zastanówmy się nad znaczeniem piątego słowa, wypowiedzianego przez Jezusa na krzyżu.

Jezus wyraża swoje pragnienie duchowe

Wiele osób jest w stanie długo wytrzymać głód, jednak człowiek pozbawiony wody, skazany jest na śmierć. Jezus wisząc na krzyżu przez sześć godzin na spalonej słońcem pustyni, stracił siły. Pragnienie, które odczuwał było ogromne. Jednak nie to było powodem wypowiedzianego słowa „Pragnę", ponieważ Jezus wiedział, że wkrótce powróci do Boga.

Fizyczne pragnienie było niczym w porównaniu do pragnienia duchowego, które odczuwał. Było to silne pragnienie Jezusa skierowane do dzieci Bożych, które brzmiało: „Pragnę, ponieważ przelałem swoją krew. Płacąc za nią napoicie mnie".

Jezus nadal jest spragniony, choć od Jego śmierci na krzyżu minęło dwa tysiące lat. Jego pragnienie ma swoje źródło w krwi, którą przelał, aby odkupić nasze grzechy i dać nam życie wieczne.

Mesjasz mówi nam o swoim pragnieniu, ponieważ chce, abyśmy wiedzieli, że życzy sobie, aby zagubione dusze zostały ocalone. Dlatego dzieci Boże, które zostały zbawione przez krew Jezusa, muszą spłacić swój dług.

Możemy ugasić pragnienie Jezusa i spłacić nasz dług, prowadząc zagubionych ludzi, aby zeszli z drogi wiodącej do piekła na drogę do nieba. Dlatego powinniśmy być wdzięczni Synowi Bożemu za to, że przelał za nas swoją krew. Teraz to my powinniśmy gasić Jego pragnienie sprowadzając ludzi na drogę zbawienia.

Wykonało się!

W Ewangelii Jana 19,30, gdy Jezus skosztował octu wypowiedział słowa: *„Wykonało się!"* i skłoniwszy głowę wyzionął ducha. Nie było to spowodowane faktem, że nie mógł znieść fizycznego pragnienia, ale z przyczyn duchowych.

Syn Boży przyszedł na świat jako człowiek i został ukrzyżowany, aby odkupić nasze grzechy. W swojej wielkiej miłości wypełnił Prawo Starego Testamentu i wziął na siebie wszystkie nasze winy. W czasach Starego Testamentu, grzechy odkupywano krwią zwierząt. Jezus przelewając krew, złożył w ofierze siebie, aby na zawsze zgładzić nasze grzechy (Hebr. 10,11-12). Dlatego jeśli przyjmujemy do serc naszych Jezusa Chrystusa, nasze grzechy są odpuszczone. Łaskę odkupieńczą, którą uzyskujemy poprzez Jezusa Chrystusa możemy porównać do wina. Jezus wypił ocet winny, żebyśmy my otrzymali świeże wino.

Duchowe znacznie słów „Wykonało się!"

Jezus rzekł „Wykonało się!" i skłoniwszy głowę, oddał ducha. Jakie duchowe znaczenie mają te słowa?

Syn Boży stał się człowiekiem, zstąpił na ziemię, głosił

ewangelię, uzdrawiał chorych oraz biorąc na siebie krzyż ludzi skazanych na śmierć, otworzył nam drogę do zbawienia. Z miłością wypełnił Prawo Starego Testamentu, ponieważ poświęcił za nas całego siebie. Pokonał również szatana niszcząc jego dzieła. W ten sposób wypełnił Boży plan zbawienia, całość wieńcząc słowami: „Wykonało się!"

Również Bóg pragnie, aby Jego dzieci wypełniały swoje przeznaczenie poprzez życie zgodne z wolą Bożą, tak jak robił to Jego jedyny syn Jezus, który był posłuszny swemu Ojcu w niebie do tego stopnia, że poświęcił swoje życie, aby wypełnił się Boży plan zbawienia ludzkości.

Dlatego musimy sercem naśladować Pana i osiągnąć miłość duchową: dziewięć owoców Ducha Świętego (Gal. 5) oraz osiem błogosławieństw (Mat. 5,3-10). Następnie wiernie wykonywać dzieła, które zleca nam Bóg. Powinniśmy przyprowadzić do Niego jak największą liczbę ludzi za pomocą szczerej modlitwy, głoszenia Ewangelii i służenia kościołowi.

Sądzę, że każdy z nas, drogi sercu Bożemu, przy pomocy wiary w Boga i Jego miłości oraz nadziei na wstąpienie do królestwa niebieskiego, jest w stanie pokonać wszelkie przeciwności, tak jak uczynił to wypełniając wolę Bożą Jezus Chrystus, by na końcu rzec: „Wykonało się".

Ojcze, w ręce twoje polecam ducha mego

Kiedy Jezus wypowiadał swoje ostatnie słowa, był już w stanie zupełnego wyczerpania. Głośno zawołał „Ojcze, w ręce twoje

polecam ducha mego".
A Jezus, zawoławszy wielkim głosem, rzekł: Ojcze, w ręce twoje polecam ducha mego. I powiedziawszy to, skonał (Łuk. 23,46).

Zauważmy, że Jezus zwrócił się do Pana „Ojcze" zamiast „Mój Boże". Oznacza to, że Jego misja jako ofiary pokutnej na Ziemi dobiegła końca.

Jezus powierza ducha i duszę Bogu

Dlaczego Jezus, który przyszedł na Ziemię jako nasz Zbawiciel powierzył swojego ducha oraz swoją duszę w ręce Ojca?

Człowiek składa się z ducha, duszy i ciała (1 Tes. 5,23). Po śmierci opuszczają one ciało i trafiają odpowiednio do piekła lub do nieba, w zależności czy istota ludzka była dzieckiem Bożym, czy też nie (Łuk. 16,19-31). Natomiast ciało zostaje pogrzebane i zamienia się z powrotem w proch.

Jezus, Syn Boży, stał się człowiekiem. Tak jak my posiadał ducha, duszę i ciało. Na krzyżu jego ciało zmarło, ale nie duch i dusza, które oddał w ręce Boga.

Kiedy umieramy nasz duch i dusza trafiają do Boga. Jeśli zdarzy się, że trafi tylko duch, a nie dusza, to nigdy nie doświadczymy prawdziwego szczęścia w niebie, ani nie będziemy potrafili być wdzięczni z całego serca. Dlaczego? Ponieważ nie będziemy pamiętali uczuć, które są typowe dla duszy takich jak smutek, cierpienie i wiele innych, które doświadczyliśmy na

Ziemi. Dlatego nasz duch i dusza trafiają razem do Boga. Dlaczego Jezus powierzył swojego ducha i duszę Bogu? Ponieważ Pan jest Stwórcą, który włada wszystkim we wszechświecie. Rozporządza naszym życiem, śmiercią, nieszczęściami, które na nas spadają i łaskami, które otrzymujemy. Wszystko należy do Niego i Jemu podlega. Bóg jest tym, który wysłuchuje naszych modlitw. Dlatego Jezus modlił się, aby powierzyć swojego ducha i duszę Bogu Ojcu (Mat. 10,29-31).

Jezus modlił się na głos

Dlaczego Jezus modlił się do Boga pomimo straszliwego cierpienia na głos słowami „Ojcze, w ręce twoje polecam ducha mego"? Ponieważ pragnął, aby ludzie usłyszeli i zrozumieli, że wolą Boga było, aby była to wymawiana na głos modlitwa. Była to modlitwa tak samo szczera jak modlitwa w Ogrójcu, zanim został pojmany.

Słowa „Ojcze, w ręce twoje polecam ducha mego" są także dowodem na to, że Jezus wypełnił wszystko zgodnie z wolą Bożą. Od tej chwili będąc dumnym z ukończenia swych dzieł i całkowitego posłuszeństwa wobec Boga, mógł powierzyć Mu swojego ducha.

Apostoł Paweł wyznaje: *„Dobry bój bojowałem, biegu dokonałem, wiarę zachowałem; A teraz oczekuje mnie wieniec sprawiedliwości, który mi w owym dniu da Pan, sędzia sprawiedliwy, a nie tylko mnie, lecz i wszystkim, którzy umiłowali przyjście jego"* (2 Tym. 4,7-8).

Diakon Szczepan, także żył zgodnie z wolą Bożą i zachował wiarę. Dlatego tuż przed śmiercią mógł modlić się słowami „*Panie Jezu, przyjmij ducha mego*" (Dz.Ap. 7,59). Zarówno Szczepan, jak i apostoł Paweł nie mogliby modlić się w ten sposób, gdyby rządziło nimi pragnienie dóbr materialnych i przyziemnych przyjemności, mające swój początek w grzesznej naturze człowieka.

Podobnie i my, jeśli żyjemy zgodnie z wolą Boga Ojca możemy powiedzieć „Wykonało się!" oraz „Ojcze, w ręce twoje polecam ducha mego".

Co stało się po śmierci Jezusa?

Po głośnym wypowiedzeniu swoich ostatnich słów Jezus skonał na krzyżu. Była godzina dziewiąta (dzisiejsza piętnasta). Mimo że był dzień, ciemność zapanowała na Ziemi i trwała od południa do godziny piętnastej, a zasłona w świątyni rozdarła się na dwoje (Łuk. 23,44-45).

I oto zasłona świątyni rozdarła się na dwoje, od góry do dołu, i ziemia się zatrzęsła, i skały popękały, i groby się otworzyły, i wiele ciał świętych, którzy zasnęli, zostało wzbudzonych; I wyszli z grobów po jego zmartwychwstaniu, i weszli do świętego miasta, i ukazali się wielu (Mat. 27,51-53).

Zdanie „zasłona świątyni rozdarła się na dwoje, od góry do dołu" ma istotne znaczenie duchowe. Długa zasłona w świątyni oddzielała „miejsce święte" od „najświętszego". Dostęp do miejsca świętego mieli tylko kapłani, natomiast do miejsca najświętszego raz do roku mógł wejść tylko arcykapłan.

Rozdarcie zasłony świątyni oznacza, że aby zburzyć ścianę grzechów Jezus ofiarował samego siebie jako ofiarę pokoju.

Zanim zasłona rozdarła się arcykapłan był tym, który pośredniczył między Bogiem a ludźmi, aby ich grzechy zostały odpuszczone.

Odkąd śmierć Zbawiciela zburzyła ścianę grzechów, możemy nawiązać bezpośrednią relację z Bogiem. Każdy, kto wierzy w Jezusa Chrystusa może wkroczyć do świętego sanktuarium, oraz chwalić Boga i modlić się do Niego bez pomocy arcykapłanów czy proroków.

Autor Księgi Hebrajczyków napisał: *„Mając więc, bracia, ufność, iż przez krew Jezusa mamy wstęp do świątyni, drogą nową i żywą, którą otworzył dla nas poprzez zasłonę, to jest przez ciało swoje (...)"* (Hebr. 10,19-20).

Całemu zdarzeniu towarzyszyły trzęsienia ziemi i pękanie skał. Wszystkie te nienaturalne wydarzenia świadczą o tym, że natura na całym świecie została poruszona. Był to wyraz gniewu Bożego spowodowanego ludzką nikczemnością. Stwórca poczuł się głęboko zraniony, ponieważ serca niektórych ludzi okazały się zbyt zimne, aby przyjąć Jezusa Chrystusa, mimo że Bóg Ojciec poświęcił swojego jedynego syna dla naszego zbawienia.

Groby się otworzyły i wiele ciał świętych, którzy zasnęli, zostało wzbudzonych. Jest to dowód na spełnienie się obietnicy zmartwychwstania, która mówi, że kto wierzy w Jezusa Chrystusa, temu grzechy zostaną przebaczone i zostanie przywrócony do życia. Mam nadzieję, że zrozumiemy duchowe znaczenie i miłość zawarte w ostatnich siedmiu zdaniach wypowiedzianych przez Jezusa na krzyżu, abyśmy mogli prowadzić szczęśliwe chrześcijańskie życie, wyczekując przyjścia Pana, tak jak niegdyś wyczekiwali Go ojcowie wiary.

Rozdział 8

Szczera wiara i życie wieczne

- Cóż za wielka tajemnica!
- Fałszywe wyznania nie prowadzą ku zbawieniu
- Ciało i krew Syna Człowieczego
- Przebaczenie można odnaleźć tylko chodząc w światłości
- Szczera wiara poparta jest działaniem

PRZESŁANIE KRZYŻA

„Kto spożywa ciało moje i pije krew moją, ten ma żywot wieczny, a Ja go wskrzeszę w dniu ostatecznym. Albowiem ciało moje jest prawdziwym pokarmem, a krew moja jest prawdziwym napojem. Kto spożywa ciało moje i pije krew moją, we mnie mieszka, a Ja w nim. Jak mię posłał Ojciec, który żyje, a Ja przez Ojca żyję, tak i ten, kto mnie spożywa, żyć będzie przeze mnie".

Ewangelia Jana 6,54-57:

Ostatecznym celem, dla którego wierzymy w Jezusa Chrystusa i uczęszczamy do kościoła, jest osiągnięcie zbawienia i życia wiecznego. Mimo to wiele osób sądzi, że aby ów cel osiągnąć, nie potrzeba żyć według Słowa Bożego. Uważają, że wystarczy mówić, że wierzy się w Jezusa Chrystusa i chodzić co niedzielę do kościoła.

Jednak w Liście do Galacjan 2,16 napisano: „*Wiedząc wszakże, że człowiek zostaje usprawiedliwiony nie z uczynków zakonu, a tylko przez wiarę w Chrystusa Jezusa, i myśmy w Chrystusa Jezusa uwierzyli, abyśmy zostali usprawiedliwieni z wiary w Chrystusa, a nie z uczynków zakonu, ponieważ z uczynków zakonu nie będzie usprawiedliwiony żaden człowiek*". Oznacza to, że nie wejdziemy do nieba, ani nie zostaniemy usprawiedliwieni poprzez bierną postawę wobec praw Bożych, zwłaszcza, jeśli nasze serca są pełne okrucieństwa. Jeśli nie działamy zgodnie ze Słowem Bożym, mimo że je poznaliśmy i nadal grzeszymy, to nasza relacja z Jezusem Chrystusem zanika.

Dlatego powinniśmy zdać sobie sprawę, że aby zostać zbawionym nie wystarczy wyznać samymi ustami wiarę w Jezusa. Dopiero, kiedy chodzimy w światłości i żyjemy w prawdzie, krew Jezusa nabywa mocy oczyszczenia nas z grzechów i zbawienia. Naszą prawdziwą wiarę powinniśmy popierać uczynkami (1 Jan.

1,5-7).

Rozważmy jak można posiąść prawdziwą wiarę, aby stać się dzieckiem Bożym i otrzymać zbawienie oraz życie wieczne.

Cóż za wielka tajemnica!

W Liście do Efezjan 5,31-32 jest napisane: *„Dlatego opuści człowiek ojca i matkę, i połączy się z żoną swoją, a tych dwoje będzie jednym ciałem. Tajemnica to wielka, ale ja odnoszę to do Chrystusa i Kościoła".*

To zrozumiałe, że gdy dzieci dorosną, opuszczają swoich rodziców i łączą się w pary. Dlaczego więc Bóg mówi, że „tajemnica to wielka"? Nigdy się tego nie dowiemy, jeśli będziemy starali się zrozumieć ten wers dosłownie, ale jeśli odkryjemy drugie znaczenie, duchowe, to bez wątpienia odczujemy radość.

Słowo „kościół" swoim znaczeniem obejmuje wszystkie dzieci Boże, które otrzymały Ducha Świętego. W tym fragmencie Bóg porównał relację między Jezusem Chrystusem a wierzącymi z relacją między kobietą i mężczyzną, którzy tworzą parę.

Jak my możemy zjednoczyć się z umiłowanym Jezusem Chrystusem?

Poprzez wiarę i przyjęcie Jezusa Chrystusa do serca

Grzech wkroczył do naszego świata odkąd pierwszy człowiek

Adam zgrzeszył, będąc nieposłusznym Bogu. Wszyscy jego potomkowie stali się niewolnikami grzechu oraz dziećmi szatana, który panuje nad naszym światem.

Niegdyś, zanim przyjęliśmy Jezusa Chrystusa do serca, należeliśmy do szatana, który posiada władzę nad światem ciemności. Potwierdza to Ewangelia Jana 8,44: *„Ojcem waszym jest diabeł i chcecie postępować według pożądliwości ojca waszego. On był mężobójcą od początku i w prawdzie nie wytrwał, bo w nim nie ma prawdy. Gdy mówi kłamstwo, mówi od siebie, bo jest kłamcą i ojcem kłamstwa"*, oraz 1 List Jana 3,8: *„Kto popełnia grzech, z diabła jest, gdyż diabeł od początku grzeszy. A Syn Boży na to się objawił, aby zniweczyć dzieła diabelskie"*.

Jednak, kiedy do serca przyjmujemy Jezusa Chrystusa jako naszego Zbawiciela, otacza nas Jego światłość, stajemy się dziećmi Bożymi i zostajemy uwolnieni od grzechów, które poprzez Jego krew zostały nam przebaczone.

Jeśli wierzymy w Jezusa Chrystusa, który poprzez krzyż zbawił nas od grzechów, Bóg obdarowuje nas Duchem Świętym, a ten z kolei doprowadza do narodzin ducha w naszych sercach. Duch Święty uczy nas woli Bożej, abyśmy żyli w prawdzie.

Stajemy się wtedy dziećmi Bożymi prowadzonymi przez Ducha Bożego, w którym możemy wołać „Abba Ojcze" (Rzym. 8,14-15) i poprzez którego dziedziczymy królestwo niebieskie.

Jakże wspaniały i tajemniczy jest fakt, że niegdyś skazane na wieczną śmierć dzieci szatana stały się dziećmi Bożymi, które teraz za pomocą wiary mogą trafić do nieba!

Gdy poprzez wiarę łączymy się z Jezusem Chrystusem,

zamieszkuje w naszych sercach Duch Święty, który następnie zespala nas z nasieniem życia. Pan Bóg ukształtował człowieka z prochu ziemi i tchnął w jego nozdrza dech życia. Dech życia to nic innego jak nasienie życia - życie samo w sobie. Ono nigdy nie może umrzeć i poprzez nasienie męskie i żeńską komórkę jajową przekazywane jest przez pokolenia.

Nad nasieniem życia czuwa serce. W nim Bóg, kiedy tworzył Adama, umieścił wiedzę o życiu i duchu. Jest to sposób, w jaki nowonarodzone dziecko przyswaja wiedzę o świecie, aby wyrosnąć na kulturalną osobę o silnym charakterze i żyć pośród ludzi. Mimo że istota żywa istnieje sama z siebie, to potrzebuje wiedzy o życiu, by stać się w pełni wartościową.

Na początku istnienia Adama przepełniała jedynie wiedza o duchu i prawdzie. Jednak grzesząc, Adam przerwał swój kontakt z Bogiem i stopniowo zaczął je tracić, a ich miejsce w jego sercu zajmował fałsz.

Od tego czasu serce, które dotąd wypełniała tylko prawda, podzieliło się na dwie części: jedną napełnioną prawdą, a drugą napełnioną fałszem. Na przykład w dotychczas pełnym miłości sercu Adama, szatan zasadził fałsz zwany nienawiścią. W rezultacie, jak podaje Księga Rodzaju 4, Kain - syn Adama - zabił swojego brata Abla z powodu zazdrości.

Z biegiem czasu w sercu człowieka ukształtował się kolejny podział naprawdę i fałsz. Jest to nazywany przez nas „naturą ludzką". Przymioty i charakter dziedziczymy częściowo po naszych przodkach. Dochodzi do tego to, co widzimy, słyszymy, czujemy i czego uczymy się. Wszystkie te cechy tworzą „naturę ludzką", która kształtuje się w trakcie poszukiwania prawdy.

Ludzka natura często nazywana jest „świadomością" ukształtowaną w zależności od napotkanych w życiu ludzi, przeczytanych książek, środowiska, w którym dorastaliśmy i wielu innych czynników. Stąd powstają różnice zdań u osób, które obserwują tę samą sytuację lub oceniają drugiego człowieka. Jedna osoba stwierdzi: „to jest złe", a inny powie: „to jest dobre" lub „to wspaniałe".

Dlatego też, kiedy analizujemy czyjeś serce, to spoglądamy na jego prawdziwą należącą do Boga część, oraz część fałszywą, nadaną przez szatana. Oba te elementy tworzą naturę ludzką.

Zespolenie Ducha Świętego z nasieniem życia w sercu

Nasienie życia zasiane przez Boga w sercu Adama, rozdzieliło się na trzy części. Nastąpiło to po tym, jak Adam zjadł owoc z drzewa poznania dobra i zła. Bóg powiedział do niego: „Niechybnie umrzesz", ponieważ kiedy nasienie życia istnieje, ale nie pełni swojej funkcji, to stan ten nie różni się niczym od śmierci.

Podobnie ta część ziaren sianych na polu, która jest martwa, nie wyda plonów. Ale żywe ziarna gwarantują zbiory.

Tak też jest z istotami ludzkimi. Jeśli nasienie życia podarowane przez Boga jest martwe, to nie może zostać przywrócone na nowo do życia, a Bóg nie potrzebuje zarówno zsyłać Zbawiciela, jak i tworzyć nieba i piekła.

Jednak nasienie życia podarowane nam przez Boga jest wieczne, ponieważ to On natchnął je życiem. Ziarno życia ożywa na nowo, kiedy do serca przyjmujemy ewangelię, a tym łatwiej jest ją zaakceptować, im większą część naszych serc zajmuje prawda. Ktokolwiek słucha nauk krzyża i przyjmuje Jezusa Chrystusa do serca, otrzyma Ducha Świętego, a w jego sercu, odrodzi się ziarno życia.

Z kolei ludzie, których przekonania są nieustępliwe jak hartowane żelazo, nie mają miejsca na ewangelię w swoim sercu. Dzieje się tak, ponieważ ich serce wypełnione jest fałszem, który otacza i broni dostępu do ziarna życia. Musimy jednak pamiętać, że każde martwe ziarno życia może na nowo pełnić swoją rolę, gdy tylko połączy się z Duchem Świętym.

Stawanie się istotą duchową

Poprzez uczestnictwo w mszach świętych, zrozumienie Pisma Świętego i modlitwę, spływają na nas łaski Boże oraz moc Wszechmogącego. Dzięki nim Duch Święty wyznacza nam drogę, którą możemy podążać.

Podczas tych przemian zespala się nasz duch i serce, w którym miejsce fałszu zastępuje prawda. Gdy w końcu w sercu gości wyłącznie mądrość ducha i prawda, serce jednoczy się z Bogiem i staje się, jak serce pierwszego człowieka, Adama.

Gdy pretendujemy do miana wierzących, ale nie modlimy się, kieruje nami nasza natura, a Duch Święty nie może dać życia naszemu duchowi. Nadal jesteśmy ludźmi z krwi i kości, pozbawieni żywego ducha. Jeśli wcześniej nie zmierzymy się z własnymi myślami i przekonaniami, także żarliwe długie modlitwy nie zagwarantują naszej przemiany w istotę uduchowioną.

Dzięki Duchowi Świętemu myślimy w prawdzie i w zgodzie z naszym sercem. Jego pragnieniem jest, abyśmy żyli. W ten sam sposób działa szatan. Dopóki w naszych sercach gości fałsz, za jego pomocą szatan kusi nasze myśli i prowadzi nas na potępienie.

Dlatego musimy wyzbyć się wszelkich przyziemnych myśli i obłudy, tak jak napisane jest w 2 Liście do Koryntian 10,5: *„I wszelką pychę, podnoszącą się przeciw poznaniu Boga, i zmuszamy wszelką myśl do poddania się w posłuszeństwo Chrystusowi (...)"*.

Kiedy Słowu Bożemu powiemy „tak" i będziemy kierowali się pragnieniami Ducha Świętego, nasze serca wypełni wyłącznie prawda, a sami staniemy się ludźmi doskonałymi i uduchowionymi.

Możemy otrzymać wszystko, o co prosimy

Jednoczymy się z Panem w chwili wyzbycia się fałszu oraz obłudy. Dzieje się tak za sprawą Ducha Świętego, który doprowadza do narodzin naszego ducha, czyniąc nasze serca czystymi, jak serce Pana naszego, Jezusa Chrystusa.

Mężczyzna i kobieta stają się jednym ciałem i dają życie dziecku, gdy męskie nasienie łączy się z żeńską komórką jajową. Kiedy przychodzimy na świat i stajemy się jednością z Jezusem Chrystusem, przyjmując Go do serca, dajemy przy pomocy Ducha Świętego życie naszemu duchowi i otrzymujemy błogosławieństwo bycia dzieckiem Bożym.

W Liście do Rzymian 12,3 jest napisane, że istnieje miara naszej wiary i stosownie do niej otrzymujemy zrozumienie. W 1 Liście Jana 2,12 i następnych wersach wzrost wiary porównywany jest do rozwoju człowieka.

Osoby, które przyjmują Jezusa Chrystusa do serca zostają zbawione, otrzymują Ducha Świętego, a ich wiara jest jak wiara małych dzieci (1 Jan. 2,12). Ci, którzy próbują wprowadzić prawdę w życie mają wiarę jaj dzieci (1 Jan. 2,13). Gdy dorastają, oznacza to, że próby zamieniają się w rzeczywiste, skuteczne działania, a ich wiara jest wiarą młodzieńców. Ostatecznie, ich wiara jest równa wierze ojców (1 Jan. 2,13).

W Starym Testamencie odnajdziemy historię Hioba, którego Bóg uważał za nienagannego i prawego, stroniącego od złego. Lecz szatan rzucił Bogu wyzwanie, które Pan przyjął i pozwolił, aby poddać Hioba próbom. Na początku Hiob trwał przy swej prawości. Jednak w końcu dała znać o sobie jego zła natura i gdy zdał sobie z tego sprawę żałował swoich słów. Gdy wyzbył się obłudy ze swego serca, stało się ono w oczach Boga czyste. Wtedy Pan pobłogosławił Hiobowi podwójnie niż miało to miejsce przed próbami szatana.

Podobnie, jeśli posiądziemy najwyższy stopień wiary, czyli wiarę równą wierze naszych ojców, poprzez wyzbycie się obłudy i zjednoczenie się z Panem, otrzymamy od Niego, jako dzieci Boże, liczne błogosławieństwa. Obiecał nam to Bóg w 1 Liście Jana 3,21-22: *„Umiłowani, jeżeli nas serce nie oskarża, możemy śmiało stanąć przed Bogiem. I otrzymamy od niego, o cokolwiek prosić będziemy, gdyż przykazań jego przestrzegamy i czynimy to, co miłe jest przed obliczem jego".*

Będąc dziećmi Bożymi możemy cieszyć się z wielu błogosławieństw

Stajemy się jednością z Jezusem Chrystusem na tyle, na ile rozwijamy swoją duchowość. Także otrzymane błogosławieństwa zależą od naszej uczciwości wobec Boga. W Ewangelii Jana 15,7 zapisana jest obietnica Jezusa, którą nam złożył: *„Jeśli we mnie trwać będziecie i słowa moje w was trwać będą, proście o cokolwiek byście chcieli, stanie się wam"*. Również w Ewangelii Jana 17,21 Jezus wypowiada słowa: *„Aby wszyscy byli jedno, jak Ty, Ojcze, we mnie, a Ja w tobie, aby i oni w nas jedno byli, aby świat uwierzył, że Ty mnie posłałeś"*.

Jeżeli żyjemy w jedności z Jezusem Chrystusem, to w chwili, w której opuszczamy doczesny świat rządzony przez szatańskie moce ciemności, stajemy się również jednością z naszym Bogiem Ojcem. Niniejszą kwestię porusza również List do Galacjan 4,4-7:

> *Lecz gdy nadeszło wypełnienie czasu, zesłał Bóg Syna swego, który się narodził z niewiasty i podlegał zakonowi, aby wykupił tych, którzy byli pod zakonem, abyśmy usynowienia dostąpili. A ponieważ jesteście synami, przeto Bóg zesłał Ducha Syna swego do serc waszych, wołającego: Abba, Ojcze! Tak, więc już nie jesteś niewolnikiem, lecz synem, a jeśli synem, to i dziedzicem przez Boga.*

Tak jak dziedziczymy przedmioty po rodzicach, tak też dziedziczymy królestwo w chwili, gdy przyjmując Jezusa Chrystusa do serca, stajemy się dziećmi Bożymi. Inaczej mówiąc, dzieci szatana dziedziczą piekło, natomiast dzieci Boże dziedziczą niebo.

Należy jednak pamiętać, że jeżeli nie odrodzi nas Duch Święty, będziemy skazani na piekło. Dzieje się tak, ponieważ niebo jest nieskazitelnym miejscem, przepełnionym prawdą. Dlatego od stopnia bogactwa naszego ducha i jedności z Bogiem zależy to, jak blisko Boga będziemy przebywali w niebie.

Mam nadzieję, że każdy z nas przyjmie Jezusa Chrystusa do swojego serca oraz, odrzucając cały fałsz i obłudę, stanie się jednością z naszym Zbawicielem i Bogiem Ojcem, w rezultacie otrzymując błogosławieństwo życia wiecznego na chwałę naszego Pana.

Fałszywe wyznania nie prowadzą ku zbawieniu

Jezus Chrystus, łącząc się z nami poprzez wiarę, staje się naszym prawdziwym partnerem, który prowadzi nas ku życiu wiecznemu i szczęściu. Kiedy sercem naszym naśladujemy Jego serce oraz osiągamy wiarę doskonałą, stajemy się dziedzicami królestwa niebieskiego, w którym zajaśniejemy niczym słońce.

Gdy uważnie czytamy Biblię, możemy odnaleźć w niej przykłady osób, które twierdziły, że wierzą w Boga, a mimo to nie zostały zbawione. W Ewangelii Mateusza 25 znajduje się przypowieść o dziesięciu pannach. Pięć roztropnych panien zabrało ze sobą oliwę w naczyniach i zostało zbawionych, w przeciwieństwie do drugiej piątki - nierozsądnych panien, które zapomniały zaopatrzyć się w zapas oliwy.

Bóg poprzez Biblię jasno określa, w jaki sposób można osiągnąć zbawienie. Nie wystarczy wyznanie wiary. Gdyby tak nie było, nie wiedzielibyśmy, w jaki sposób powinniśmy żyć, aby dostąpić zbawienia.

W Ewangelii Mateusza 7,21 napisano: *„Nie każdy, kto do mnie mówi: Panie, Panie, wejdzie do Królestwa Niebios; lecz tylko ten, kto pełni wolę Ojca mojego, który jest w niebie"*.

Wołając „Panie, Panie" dajemy wyraz naszej wierze w to, że Jezus jest Chrystusem. Jednak nie zostaniemy zbawieni, jeśli będziemy jedynie wołać Jego imię i uczęszczać do kościoła w każdą niedzielę.

Czyniący zło nie zostaną zbawieni

Bóg mówi nam o sądzie w Ewangelii Mateusza 13,40-42:

> *Jak tedy zbiera się kąkol i pali w ogniu, tak będzie przy końcu świata. Syn Człowieczy pośle swoich aniołów i zbiorą z Królestwa jego wszystkie zgorszenia, i tych, którzy popełniają nieprawość, i wrzucą ich do pieca ognistego; tam będzie płacz i zgrzytanie zębów.*

Rolnik podczas zbiorów zbiera pszenicę w stodole, wcześniej jednak oddziela od niej chwast zbożowy, który następnie spala.

Bóg pragnie nam przez to powiedzieć, że grzesznicy nie unikną kary.

„Wszystko, co jest powodem do grzechu" dotyczy ludzi, którzy słowem głoszą wiarę w Boga, a mimo to kuszą swoich braci i siostry powodując, że ich wiara topnieje. Dlatego osoby prowadzące innych do grzechu i złych uczynków nie zostaną zbawione.

Czym jest zło? W 1 Liście Jana 3,4 jest napisane: „*Każdy, kto popełnia grzech, i zakon przestępuje, a grzech jest przestępstwem zakonu*".

Tak jak każde państwo posiada własny kodeks praw, tak istnieje zbiór praw w królestwie Bożym. Prawem świata duchowego jest Słowo Boże zapisane w Biblii. Ktokolwiek postępuje wbrew Słowu Bożemu zostaje potępiony, tak jak potępia się osobę, która w świetle prawa popełniła wykroczenie. Stąd naruszenie Słowa Bożego jest czynem złym i grzesznym.

Ogólnie rzecz biorąc, Prawo Boże możemy podzielić na cztery kategorie: „nakazy", „zakazy", „pouczenia" oraz „przestrogi". Bóg, który jest światłością pragnie, aby Jego dzieci żyły w światłości, dlatego wskazuje nam co jest słuszne, co należy robić, a od czego stronić i jak wypełniać obowiązki dzieci Bożych.

W Księdze Powtórzonego Prawa 10,12-13 Bóg nakazuje nam: „*Teraz więc, Izraelu, czego żąda od ciebie Pan, twój Bóg! Tylko, abyś okazywał cześć Panu, swemu Bogu, abyś chodził tylko jego drogami, abyś go miłował i służył Panu, swemu Bogu, z całego serca i z całej duszy. Teraz więc, Izraelu, czego żąda od ciebie Pan, twój Bóg! Tylko, abyś okazywał cześć Panu, swemu Bogu, abyś chodził tylko jego drogami, abyś go miłował i służył Panu, swemu Bogu, z całego serca i z całej duszy. Abyś przestrzegał przykazań Pana i jego ustaw, które Ja ci dziś nadaję dla twego dobra".* Otrzymamy wiele błogosławieństw, jeśli będziemy wypełniali słowo Boże, natomiast czeka nas wieczna śmierć jako kara za grzech i zło. W Liście do Galacjan 5,19-21 wymienione są uczynki ciała:

> *Jawne zaś są uczynki ciała, mianowicie: wszeteczeństwo, nieczystość, rozpusta, bałwochwalstwo, czary, wrogość, spór, zazdrość, gniew, knowania, waśnie, odszczepieństwo, zabójstwa, pijaństwo, obżarstwo i tym podobne; o tych zapowiadam wam, jak już przedtem zapowiedziałem, że ci, którzy te rzeczy czynią, Królestwa Bożego nie odziedziczą.*

„Wszeteczeństwo" odnosi się do wszelkiej nieczystości seksualnej, włączając w to współżycie przed zawarciem małżeństwa. „Nieczystość" oznacza zachowania niezgodne z nakazami obowiązującej w danym środowisku etyki, będące wynikiem nieokiełznanej natury ludzkiej.

„Rozpusta" to wszelka niemoralność w zakresie seksualności, nadużywanie i zbytnia swoboda, a także cudzołóstwo. „Bałwochwalstwo" to bezkrytyczne uwielbienie dla przedmiotów wykonanych ze złota, srebra, brązu oraz wszelkiego bogactwa, lub miłowanie czegokolwiek bardziej od Boga.

„Czary" to zwodzenie innych przebiegłymi kłamstwami.

„Wrogość" to nieprzyjazne uczucia wobec kogoś, przeciwieństwo miłości. „Spór" oznacza spieranie się w jakiejś sprawie, mające na celu własną korzyść lub zdobycie fałszywego autorytetu. „Zazdrość" to uczucie przykrości, żalu i niechęci do kogoś na widok jego powodzenia, szczęścia itp. „Gniew" oznacza nie tyle złość w samą w sobie, ale złość, która jest gwałtowną reakcją, wyrażającą się agresją w stosunku do innych.

Słowo „knowania" odnosi się do tworzenia grup lub stowarzyszeń, które działając na rzecz szatana, podstępnie skłócają osoby lub grupy osób między sobą. „Waśnie" oznaczają zebranie ludzi wokół własnej idei, zamiast idei Ducha Świętego, i oddzielenie się od społeczeństwa. „Odszczepieństwo" to nieakceptowanie Trójcy Świętej i wyrzeczenie się Jezusa Chrystusa, jako Tego, który przyszedł na ziemię i przelał swoją krew dla naszego zbawienia.

„Zabójstwa" to działania na szkodę osoby powodowane zawiścią. „Pijaństwo" to nadmierne spożywanie alkoholu, natomiast „obżarstwo" swoim znaczeniem obejmuje nie tylko pijaństwo, dogadzanie sobie i brak kontroli, ale także niewywiązywanie się z roli małżonka lub rodzica.

„I tym podobne" oznacza, że istnieje wiele grzechów podobnych do wymienionych, a ci, którzy je popełniają nie zostaną zbawieni.

Grzechy śmiertelne i nieśmiertelne

W naszym świecie grzech uznaje się wtedy, gdy jego skutkiem jest poparte dowodami wyrządzenie oczywistej i widocznej szkody dla drugiej strony. Jednak będący światłością Bóg oznajmia, że nie tylko grzeszne czyny, ale i wszelka ciemność, która działa przeciw światłu jest grzechem.

Mimo że niewidoczne, to wszystkie grzeszne pragnienia naszych serc, takie jak nienawiść, zazdrość i zawiść, nieczystość, osądzanie innych, potępianie, bezduszność, sprośne myśli, także są złem i grzechem.

To, dlatego Bóg mówi nam: *„A Ja wam powiadam, że każdy kto patrzy na niewiastę i pożąda jej, już popełnił z nią cudzołóstwo w sercu swoim"*. (Mat. 5,28), lub „Każdy, kto nienawidzi brata swego, jest zabójcą, a wiecie, że żaden zabójca nie ma w sobie żywota wiecznego". W Liście do Rzymian 14,23 jest napisane: *„Lecz ten, kto ma wątpliwości, gdy je, jest potępiony, bo nie postępuje zgodnie z przekonaniem; wszystko zaś, co nie wypływa z przekonania, jest grzechem"*, natomiast w Liście Jakuba 4,17 przeczytamy: *„Kto więc umie dobrze czynić, a nie czyni, dopuszcza się grzechu"*. Dlatego powinniśmy zdawać sobie sprawę, że za grzech i samowolę uznaje się postępowanie wbrew nakazom i pragnieniom Boga.

Jednak czy wszystkich ludzi, którzy popełniają grzechy czeka śmierć? Należy pamiętać, że w wierze może żyć osoba, która poprzednio kłamała, a teraz modli się i stara się być prawdomównym człowiekiem. Nawet, jeśli z powodu swojej małej wiary nie zdołała w całości wyzbyć się nieszczerości z serca, nieprawdą jest, że z powodu swoich grzechów zamknęła przed sobą drogę do zbawienia.

W 1 Jana 5,16-17 jest napisane: *„Jeżeli ktoś widzi, że brat* *jego popełnia grzech, lecz nie śmiertelny, niech się modli, a Bóg da mu żywot, to jest tym, którzy nie popełniają grzechu śmiertelnego. Wszak jest grzech śmiertelny; nie o takim mówię, żeby się modlić. Wszelka nieprawość jest grzechem; lecz nie każdy grzech jest śmiertelny".*

Grzechy dzielą się na dwie kategorie: śmiertelne i nieśmiertelne. Ci, którzy popełniają grzechy nieśmiertelne mają możliwość zbawienia, jeśli będą za nie żałować i wyznawać je w modlitwie. Niestety, żadne modlitwy nie pomogą, jeśli zostanie popełniony grzech śmiertelny.

Osoby uważane za prawdomówne, potrafią skłamać dla własnej korzyści lub wprowadzać innych w błąd, ponieważ takie postępowanie nie wyrządza innym krzywdy. Choć jesteśmy przekonani, że żyjemy i postępujemy uczciwie, to z popełnionych grzechów zdajemy sobie sprawę zazwyczaj dopiero w chwili poznania prawdy i uwierzenia w Boga. Pan uświadamia nam zło oraz grzechy widzialne i niewidzialne, pojawiające się w naszych myślach lub sercach.

Śmiercią karany jest wszelki grzech. Jednak za sprawą Jezusa Chrystusa, który przelał za nas swoją krew na krzyżu, zarówno przeszłe, obecne jak i przyszłe grzechy zostały nam odpuszczone. Jego krew ma moc darowania nam grzechów, jeśli tylko za nie żałujemy i postanawiamy nigdy więcej ich nie popełniać. Są to grzechy nieśmiertelne.

Jeśli nie żałujemy za grzechy dalej czyniąc zło, nasza świadomość staje się niewrażliwa i zatwardziała na grzech. Ostatecznie, gdy popełniamy grzech śmiertelny, jesteśmy niezdolni do skruchy, a nasze winy, mimo późniejszych aktów żalu za grzechy, nie mogą zostać odpuszczone.

Przyjrzyjmy się trzem rodzajom grzechów śmiertelnych: bluźnieniu Duchowi Świętemu, wystawianiu Syna Bożego na pośmiewisko oraz umyślnemu popełnianiu grzechów.

Bluźnienie Duchowi Świętemu

Bluźnić Duchowi Świętemu można na trzy sposoby: występując przeciw Duchowi Świętemu, przeciwstawiając się dziełom Ducha Świętego oraz hańbiąc Ducha Świętego.

Dlatego powiadam wam: Każdy grzech i bluźnierstwo będzie ludziom odpuszczone, ale bluźnierstwo przeciw Duchowi nie będzie odpuszczone. A jeśliby ktoś rzekł słowo przeciwko Synowi Człowieczemu, będzie mu odpuszczone; ale temu, kto by mówił przeciwko Duchowi Świętemu, nie będzie odpuszczone ani w tym wieku ani w przyszłym (Mat. 12,31-32).

Każdemu, kto powie słowo przeciwko Synowi Człowieczemu, będzie odpuszczone; lecz kto by bluźnił przeciwko Duchowi Świętemu, temu nie będzie odpuszczone (Łuk. 12,10).

Po pierwsze „mówić przeciw innym" to zniesławiać innych i odstraszać od dzieł ich rąk. **„Mówić przeciw Duchowi Świętemu"** to przeszkadzać w budowaniu Królestwa Bożego poprzez umyślne zaprzeczanie dziełom Ducha Świętego. Na przykład mówieniem przeciw Duchowi Świętemu będzie wynikające z niezgodności z naszymi przekonaniami usilne udowadnianie fałszywości dzieł Bożych, które dokonały się na mocy Ducha Świętego.

Jeśli potępimy sługę Bożego jako heretyka, a okaże się, że nie mamy racji, przerwiemy działanie Ducha Świętego. Tak okropny grzech jest niewybaczalny w oczach Boga. Dlatego musimy posiadać umiejętność rozróżniania prawdy od fałszu.

Oczywiście należy stanowczo ostrzegać i powstrzymywać osoby, które namawiają innych do przyjęcia złego ducha lub są prawdziwymi heretykami. W Liście do Tytusa 3,10 jest napisane: *„A człowieka, który wywołuje odszczepieństwo, po pierwszym i drugim upomnieniu unikaj".*

W dzisiejszych czasach wiele osób postrzega niektóre kościoły jako heretyckie, a nawet prześladuje ich członków, którzy uznają Trójcę Świętą i poprzez których dokonują się dzieła Ducha Świętego. Osoby takie nie potrafią rozróżnić ducha prawdy. Mimo, że głoszą wszem i wobec swoją wiarę w Boga, nie posiadają wystarczającej wiedzy biblijnej na temat herezji. Niekiedy nawet nie znają definicji herezji.

Prześladowanie innych spowodowane brakiem odpowiedniej wiedzy może zostać nam przebaczone, jeśli zaprzestaniemy i będziemy żałowali za swoje postępowanie. Jednak świadome niedopuszczanie do wypełniania się dzieł Bożych, powodowane złymi zamiarami i zazdrością, nigdy nie będzie wybaczone.

Przykład możemy odnaleźć w Biblii. W Ewangelii Marka 3, kiedy Jezus dokonuje cudów i czyni znaki, zazdrośni ludzie rozpuszczają plotkę, że postradał zmysły. Wiadomość ta roznosi się tak dalece, że rodzina Jezusa przybywa z daleka, aby odwieść go od życia publicznego.

Jezusa także krytykowano: *„Uczeni w Piśmie, którzy przybyli z Jerozolimy, mówili, że ma Belzebuba i że mocą księcia demonów wypędza demony"* (Mar. 3,22). Uczeni ci posiadali dogłębną wiedzę na temat Słowa Bożego. Bardzo dobrze znali prawo, którego nauczali, a mimo to sprzeciwili się dziełom Bożym z powodu zazdrości i zawiści, którą żywili w stosunku do Jezusa.

Po drugie, *„przeciwstawianie się dziełom Ducha Świętego"* to ignorowanie głosu Ducha Świętego, który podarował nam Bóg, lub osądzanie i potępianie dzieł Ducha Świętego połączone z próbami wyrządzenia krzywdy innym ludziom.

Na przykład przeciwstawianiem się Duchowi Świętemu jest przekazywanie plotek lub podrabianie dokumentów. Jest nim także potępianie pastora lub kościoła, w którym dokonywane są dzieła Ducha Świętego, mające na celu przerwanie spotkań odnowy wiary lub gromadzenia się wiernych.

Jak więc rozumieć zdanie: „A jeśliby ktoś rzekł słowo przeciwko Synowi Człowieczemu, będzie mu odpuszczone"? W wersie tym „Syn człowieczy" odnosi się do Jezusa, który przed śmiercią na krzyżu był człowiekiem.

Mówienie przeciwko Synowi człowieczemu oznacza nieposłuszeństwo wobec Jezusa, będące rezultatem postrzegania Go jedynie jako człowieka z krwi i kości. Oznacza powodowaną brakiem wiedzy niemożność rozpoznania w Nim naszego Zbawiciela. W takim wypadku, nasze grzechy zostaną odpuszczane i dostąpimy zbawienia, jeśli tylko będziemy żałować za nasze grzechy i przyjmiemy Jezusa Chrystusa do serca.

Jeśli popełnimy ten rodzaj grzechu nie znając prawdy lub przed otrzymaniem Ducha Świętego, to za każdym razem Bóg daje nam szanse na wyrażenie skruchy i otrzymanie przebaczenia.

Jednak, jeśli wiedząc kim jest Jezus Chrystus, okażemy nieposłuszeństwo i sprzeciwimy się Panu, powinniśmy pamiętać, że nigdy nie zostanie nam to przebaczone, ponieważ postępowanie takie jest równoważne ze sprzeciwianiem się Duchowi Świętemu i jego dziełom.

Po trzecie, bluźnić oznacza także hańbić to, co boskie, święte i niepokalane. Bluźnić Duchowi Świętemu oznacza także **hańbić Ducha Świętego,** Ducha Bożego oraz boskość. Jest to grzech zhańbienia wiecznej potęgi Boga i jego boskości. Grzeszymy, gdy szkalujemy dzieła Ducha Świętego mówiąc, że są dziełami szatana, lub upieramy się, że coś jest dziełem Ducha Świętego, kiedy prawda jest zupełnie inna. Bluźnieniem Duchowi Świętemu jest także głoszenie prawdy jako fałszu, głoszenie fałszu jako prawdy oraz potępianie tego, co prawdziwe jako złudne i zwodnicze.

Dawniej, bluźnienie królowi uważano za zdradę i karano śmiercią. Bluźnienie świętej boskości Boga Wszechmogącego, która przewyższa każdego z królów panujących na naszym świecie, nigdy nie zostanie przebaczone.

Nawet Jezus, który był z natury Bogiem i przyszedł na świat pod postacią człowieka, nigdy nikogo nie potępił. Cóż za straszny grzech byłby, jeśli potępialibyśmy naszych braci i siostry, lub hańbili dzieła Ducha Świętego! Jeśli podziwiamy i boimy się Boga, nigdy nie będziemy przeciwstawiali się, hańbili ani mówili przeciw Duchowi Świętemu.

Dlatego, aby nie popełniać grzechów, które nigdy nie zostaną darowane, należy być ich świadomym. A jeśli je popełniliśmy, należy żałować za grzechy całym sercem w nadziei na łaskę Bożą.

Wystawianie Syna Bożego na pośmiewisko

Ponowne krzyżowanie Syna Bożego i wystawianie go na publiczną zniewagę prowadzi do śmierci. W Liście do Hebrajczyków 6 napisano:

> *Jest bowiem rzeczą niemożliwą, żeby tych - którzy raz zostali oświeceni i zakosztowali daru niebiańskiego, i stali się uczestnikami Ducha Świętego, i zakosztowali Słowa Bożego, że jest dobre oraz, cudownych mocy wieku przyszłego, gdy odpadli, powtórnie odnowić i przywieść do pokuty, ponieważ oni sami ponownie krzyżują Syna Bożego i wystawiają go na urągowisko (Hebr. 6,4-6).*

Część ludzi, zwiedziona pokusami tego świata, opuszcza kościół i Boga. Niektórzy otrzymali Ducha Świętego i mimo świadomości istnienia nieba i piekła, oraz wiary w słowo prawdy, przynoszą hańbę Bogu. Mówi się wtedy, że krzyżują Syna Bożego ponownie i wystawiają go na pośmiewisko. Osoba taka nie tylko za sprawą szatana popełnia wiele grzechów, ale zaprzecza istnieniu Boga oraz prześladuje i poniża kościół i wiernych. Świadomością tych ludzi włada szatan, dlatego ich serca przepełnia ciemność.

Ludzie ci nawet nie zamierzają okazywać skruchy, a duch skruchy na nich nie zstąpi. Nie mają żadnych szans na odpuszczenie grzechów i dostąpienie przebaczenia.

Taki grzech popełnił Judasz Iskariota. Był on jednym z dwunastu apostołów Jezusa. Widział wiele cudów i znaków czynionych przez Jezusa, z chciwości zdradził Go za trzydzieści srebrników. Później wielce żałował swojego uczynku, jednak duch skruchy nie zstąpił na Judasza. Jego grzech nie mógł zostać wybaczony, a on sam, dręczony poczuciem winy, popełnił samobójstwo (Mat. 27,3-5).

Świadome grzechy

Ostatnim z grzechów śmiertelnych jest świadome popełnianie grzechów, mimo znajomości prawdy.

Bo jeśli otrzymawszy poznanie prawdy, rozmyślnie grzeszymy, nie ma już dla nas ofiary za grzechy. Lecz tylko straszliwe oczekiwanie sądu i żar ognia, który strawi przeciwników (Hebr. 10,26-27).

„Grzeszyć rozmyślnie po tym, jak otrzymaliśmy poznanie

prawdy" oznacza ciągłe łamanie praw Bożych, co jest niewybaczalne. Fragment ten odnosi się także do osób, które grzeszą świadomie. *„Sprawdza się na nich treść owego przysłowia: Wraca pies do wymiocin swoich, oraz: Umyta świnia znów się tarza w błocie"* (2 Piotr. 22).

W Biblii mamy opisaną postać Dawida, który mimo umiłowania Boga dopuszcza się cudzołóstwa, co daje początek kolejnym grzechom i ostatecznie powoduje, że zabija on jednego ze swych oddanych żołnierzy. Jednak, kiedy prorok Natan uświadamia Dawidowi popełnione grzechy, ten natychmiast okazuje skruchę.

Z drugiej strony przedstawiona jest postać króla Saula, który mimo upomnień proroka Samuela, nadal grzeszy, nie okazując jakiejkolwiek skruchy. Dlatego, Bóg opuszcza Saula pomimo że nie opuścił Dawida.

Kolejnym przykładem jest postać Balaama, proroka, który mógł zarówno błogosławić, jak i rzucać klątwy. Jego pogoń za doczesnym bogactwem oraz sławą zakończyła się tragicznie.

Z jednej strony w sercach świadomie grzeszących osób Duch Święty powoli zanika, ponieważ Bóg odwraca się od nich. Ich wiara maleje i w konsekwencji dochodzi do złych występków, którymi włada szatan. Ostatecznie Duch Święty znika, a osoby te, nie zdolne do skruchy, nie zostaną zbawione, a ich imiona zostaną wymazane z księgi żywota (Obj. 3,5).

Z drugiej strony istnieją ludzie, którzy grzeszą, ponieważ poznali Boga jedynie rozumem, nigdy zaś nie uwierzyli w Niego w swoim sercu. Ich grzechy mogą zostać przebaczone, a oni sami mogą wstąpić na drogę zbawienia, jeśli tylko dogłębnie z całego serca okażą skruchę i posiądą szczerą wiarę.

Dlatego powinniśmy być świadomi, że mimo wiedzy o Bogu, wiary w piekło i niebo, oraz uprzedniego zaznania obfitości łaski Bożej, nie zostaniemy zbawieni, jeśli popełniamy grzechy świadomie.

Mam nadzieję, że w pełni zrozumiemy, iż Bóg nienawidzi każdego grzechu, nawet nieśmiertelnego, ponieważ jest on złamaniem prawa i występkiem sprzyjającym siłom ciemności. Dlatego pragnę, abyśmy byli mądrymi wierzącymi, którzy zarówno nie popełniają, jak i nie zezwalają na jakichkolwiek grzech.

Ciało i krew Syna Człowieczego

Tak jak potrzebujemy odpowiedniego pożywienia, aby cieszyć się zdrowiem, tak samo, aby duch nasz był zdrowy i dostąpił życia wiecznego, należy spożywać ciało i krew Syna Człowieczego.

Na podstawie poniższego fragmentu z Ewangelii Jana 6,53-55 dowiemy się czym jest ciało i krew Syna Człowieczego, oraz dlaczego powinniśmy je spożywać aby osiągnąć życie wieczne:

> *Na to rzekł im Jezus: Zaprawdę, zaprawdę powiadam wam, jeśli nie będziecie jedli ciała Syna Człowieczego i pili krwi jego, nie będziecie mieli żywota w sobie. Kto spożywa ciało moje i pije krew moją, ten ma żywot wieczny, a Ja go wskrzeszę w dniu ostatecznym.*

Albowiem ciało moje jest prawdziwym pokarmem, a krew moja jest prawdziwym napojem.

Co oznacza ciało Syna Człowieczego?

W Biblii Jezus objawia tajemnice nieba i wolę Bożą za pomocą licznych przypowieści. Dla nas, którzy żyjemy w świecie trójwymiarowym, niesłychanie trudno jest pojąć wolę Bożą, która należy do świata czterowymiarowego i wyższych wymiarów. Z tego powodu Jezus porównuje to, co boskie do rzeczy martwych, roślin i zwierzą, oraz mieszka pośród nas, abyśmy mogli lepiej zrozumieć wolę Bożą.

To dlatego Jezus, jedyny Syn Boży porównywany jest do skały lub gwiazdy, które są niewymiarowe, do jednowymiarowego wina, do dwuwymiarowej owieczki, oraz Syna Człowieczego, który jest trójwymiarowy.

Jezus nazywany jest Synem Człowieczym, a więc ciało Syna Człowieczego jest ciałem Jezusa.

W Ewangelii Jana 1,1 napisano: *„Na początku było Słowo, a Słowo było u Boga, a Bogiem było Słowo".* Następnie w wersie 14 czytamy: *„A Słowo ciałem się stało i zamieszkało wśród nas, i ujrzeliśmy chwałę jego, chwałę, jaką ma jedyny Syn od Ojca, pełne łaski i prawdy".*

Jezus jest tym, który przyszedł na świat pod postacią człowieka jako Słowo Boże. Stąd, ciało Syna Człowieczego jest Słowem Boga, prawdą, a jego spożywanie oznacza poznawanie słów Bożych w Biblii.

Jak spożywać ciało i krew Syna Człowieczego

W Księdze Wyjścia w wersie 12,5 oraz kolejnych „owieczka" symbolizuje Jezusa:

Ma to być baranek bez skazy, samiec jednoroczny. Może to być baranek lub koziołek. Będziecie go przechowywać do czternastego dnia tego miesiąca; i zabije go całe zgromadzenie zboru izraelskiego o zmierzchu. I wezmą z jego krwi, i pomażą oba odrzwia i nadproże w domach, gdzie go spożywają.

Wielu sądzi, że owieczka symbolizuje ludzi, którzy świeżo uwierzyli w Jezusa, jednak gdy uważnie studiujemy Biblię zauważymy, że owieczka odnosi się do Jezusa.

Jan Chrzciciel, kiedy ujrzał Jezusa idącego do niego rzekł: *„Oto Baranek Boży, który gładzi grzech świata"* (Jan. 1,29). W 1 Liście Piotra 1,18-19 Apostoł Piotr mówi o Jezusie jako baranku: *„wiedząc, że nie rzeczami znikomymi, srebrem albo złotem, zostaliście wykupieni z marnego postępowania waszego, przez ojców wam przekazanego, lecz drogą krwią Chrystusa, jako baranka niewinnego i nieskalanego"*.

Dlaczego w Biblii Jezus porównywany jest do baranka? Baranek jest jednym z najłagodniejszych i najposłuszniejszych zwierząt hodowlanych. Rozpoznaje głos pasterza i podporządkowuje się mu. Nikt nie jest w stanie oszukać tego zwierzęcia nawet, jeśli próbowałby naśladować głos pasterza. Dla ludzi jest źródłem mleka, mięsa oraz białego miękkiego runa.

Tak, jak baranek poświęcony jest w całości ludziom, tak i Jezus był posłuszny Bogu oraz poświęcił wszystko dla nas. Mimo, że z natury jest Bogiem, Jezus przyszedł na świat pod postacią człowieka, głosił ewangelię, uzdrawiał chorych, oraz został ukrzyżowany. Oddał wszystko dla naszego zbawienia. Porównywany jest do baranka, ponieważ jego uczynki i cechy przywołują na myśl łagodnego baranka, natomiast jego jedzenie symbolizuje spożywanie ciała Jezusa, a dokładniej ciała Syna Człowieczego.

Jak należy spożywać ciało Syna Człowieczego? Księga Wyjścia 12,9-10 podaje następujące zalecenie:

> *Nie jedzcie z niego nic surowego ani ugotowanego w wodzie, lecz tylko upieczone na ogniu w całości: głowa razem z odnóżami i częściami środkowymi. Nie pozostawiajcie z niego nic do rana, a jeśli z niego zostanie coś do rana, spalcie to w ogniu.*

Po pierwsze nie należy jeść surowego Słowa Bożego

Co to znaczy jeść „surowe" ciało Syna Człowieczego?

Powszechnie wiadomo, że jedzenie surowego mięsa może zaszkodzić. Istnieje ryzyko zarażenia się bakterią i zatrucia. Podobnie Bóg przykazuje nam nie spożywać surowego S Bożego, ponieważ może okazać się szkodliwe.

Słowo Boże napisane zostało pod natchnieniem Ducha Świętego, dlatego też pod jego natchnieniem musi być czytane i przygotowywane.

Co stałoby się, gdybyśmy rozumieli Słowo Boże dosłownie? Prawdopodobnie błędnie zrozumielibyśmy intencje Boga. Dlatego jeść „surowe Słowo Boże" oznacza dosłowną interpretację Biblii.

W Ewangelii Jana 1,1 jest napisane: *"Słowo było Bogiem".* W Biblii zawarte jest serce Boga i wola oraz wszystko, co dokonało się według Jego Słowa.

Drogę do nieba wskazuje nam Słowo Boże. Należy je w pełni zrozumieć, aby otrzymać życie wieczne. Człowiek z krwi i kości nie jest w stanie dostrzec ani pojąć świata duchowego.

My, żyjąc na Ziemi, nie wiemy nic o świecie duchowym. Jesteśmy jak owad, który jeszcze pod postacią larwy nie wie nic o istnieniu nieba, jak pisklę w jaju, które nie zna jeszcze otoczenia poza skorupką, lub jak dziecko w łonie matki, które nie widziało świata zewnętrznego.

Bóg opowiada nam o istnieniu innego świata poza naszym. Tak jak nienarodzone pisklę musi skruszyć skorupkę jaja, tak i my, aby pojąć czym jest królestwo duchowe i do niego wkroczyć, musimy wyjść poza nasze przyziemne myśli.

W Ewangelii Mateusza 6,6 jest napisane: *„Ale ty, gdy się modlisz, wejdź do komory swojej, a zamknąwszy drzwi za sobą, módl się do Ojca swego, który jest w ukryciu, a Ojciec twój, który widzi w ukryciu, odpłaci tobie."* W dosłownym rozumieniu, oznaczałoby to, że zawsze powinniśmy modlić się w swoim pomieszczeniu. Jednak wielu z naszych przodków wiary nigdy nie zamykało się w pokoju, aby modlić się w tajemnicy.

Aby się pomodlić Jezus wszedł na górę (Łuk. 6,12), a rankiem udał się w puste miejsce (Mar. 1,35). Daniel modlił się trzy razy dziennie, wcześniej otwierając okna wychodzące na Jeruzalem (Dan. 6,10), a apostoł Piotr pewnego razu modlił się na dachu (Dz.Ap. 10,9).

Co Jezus chciał nam przekazać mówiąc: „Ale ty, gdy się modlisz, wejdź do komory swojej, a zamknąwszy drzwi za sobą, módl się"?

W wersie tym „komora" jest duchowym symbolem serca danej osoby. Wejście do komory swojej oznacza przejście przez myśli i udanie się do głębi serca, tak jakbyśmy przechodzili przez przedpokój do pokoju gościnnego. Tylko wtedy jesteśmy w stanie modlić się z całego serca.

Kiedy znajdujemy się wewnątrz mieszkania jesteśmy odizolowani od zewnątrz. Podobnie modląc się, musimy zablokować wszelkie zbędne myśli oraz zmartwienia i modlić się całym sercem.

Dlatego nie należy spożywać surowego ciała Syna Człowieczego. Zamiast interpretować Słowa Boże dosłownie, powinniśmy, przy pomocy Ducha Świętego, rozumieć je w wymiarze duchowym.

Po drugie nie należy spożywać Słowa Bożego ugotowanego w wodzie

Czego dotyczy ten zakaz? Oznacza, że nie powinniśmy dodawać niczego do Słowa Bożego i spożywać je czyste.

Nie należy głosić Słowa Bożego wraz z polityką, aktualnymi wiadomościami napływającymi od społeczeństwa, anegdotami z życia sław lub historycznych osobliwości, bowiem Stworzyciel nieba i Ziemi włada życiem i śmiercią rodzaju ludzkiego. Posiada moc udzielania błogosławieństw jak i przeklinania, jest wszechmocny i niczego mu nie brakuje.

W 1 Liście do Koryntian 1,25 napisano: „*Bo głupstwo Boże jest mędrsze niż ludzie, a słabość Boża mocniejsza niż ludzie*". Zapiski te pojawiają się, aby uzmysłowić nam, że nawet najmądrzejsi i najdoskonalsi ludzie nie są równi Bogu.

W ciągu całego życia nie jesteśmy w stanie przekazać innym całej mądrości Biblii, jak więc podczas przekazywania Jego mądrości śmiemy próbować mieszać Słowo Boże ze słowami ludzi?

Słowa ludzi zmieniają się z upływem czasu. A jeśli są prawdziwe, to zostały już wypowiedziane w Biblii i przejawia się w nich mądrość Boża.

Stąd naszym głównym celem powinno być przekazywanie nieskażonego Słowa Bożego w Biblii. Przy tym jak najbardziej możemy wspierać się przykładami i przypowieściami, aby innym ułatwić zrozumienie zarówno Słowa Bożego, jak i tajemnic świata duchowego.

Należy zdać sobie sprawę, że tylko Słowo Boże jest wieczne, doskonałe, prawdziwe i prowadzi ku życiu wiecznemu. Dlatego nie należy spożywać Słowa Bożego ugotowanego w wodzie.

Po trzecie, Słowo Boże należy spożywać upieczone na ogniu w całości

Zdanie „*upieczone na ogniu w całości: głowa razem z*

odnóżami i częściami środkowymi" (Ks.Wyjścia 12,9) oznacza, że Słowo Boże, ciało Syna Człowieczego, powinno być naszym pokarmem, który należy spożywać w całości, nie zostawiając niczego.

Na przykład niektórzy wątpią, iż Mojżesz przekroczył Morza Czerwone. Są też tacy, którzy nawet nie próbują czytać Ksiąg Kapłańskiej, ponieważ ofiary przedstawione w Starym Testamencie są trudne do zrozumienia. Inni z kolei twierdzą, że w cuda Jezusa uwierzyć można było tylko 2000 lat temu, ale nie dziś. Osoby takie odrzucają to, co nie jest po ich myśli, a starają się tylko wyciągnąć z Biblii wnioski moralne.

Nawet nie podejmują wysiłku, aby stale pamiętać o takich zaleceniach jak „miłujcie nieprzyjaciół waszych", lub „od wszelkiego rodzaju zła z dala się trzymajcie", ponieważ jest im trudno sprostać. Czy wobec tego mogą zostać zbawieni?

Nie należy podchodzić do Biblii wybiórczo, jak czyni to wiele niemądrych osób. Należy spożywać wszystkie słowa zawarte w Biblii upieczone na ogniu od początku Księgi Rodzaju po ostatni wers Objawienia Jana.

Co oznacza ogień, w którym upieczono Słowa Boże? Odnosi on do ognia Ducha Świętego. Powinniśmy być natchnieni Duchem Świętym, zarówno podczas czytania jak i słuchania Słowa Bożego, ponieważ zapisane ono zostało pod jego natchnieniem. W przeciwnym razie słowa te stają się tylko wiedzą, nie zaś pokarmem duchowym.

Aby spożywać Słowo Boże upieczone na ogniu, należy żarliwie się modlić. Modlitwa jest jak oliwa i sprawia, że możemy nasycić się Duchem Świętym. Słowo Boże natchnione przez

Ducha Świętego staje się słodsze od miodu. Nawet, jeśli kazanie jest długie, nigdy nie nudzi, ponieważ jest miłe dla ucha i tak cenne, jak cenna jest woda dla spragnionego.

Tak należy spożywać upieczone na ogniu Słowo Boże i tylko w ten sposób je zrozumiemy, oraz sprawimy, że stanie się naszym duchowym ciałem i krwią. Dzięki niemu poznamy wolę Bożą i będziemy zgodnie z nią żyli. W taki sposób pozwalamy Duchowi Świętemu żyć w naszym sercu i przyczyniamy się do wzrostu naszej wiary, a poprzez wypełnianie swoich powinności stajemy się na powrót podobni Bogu.

Jednak Ci, którzy spożywają Słowo Boże rozumowo, nieupieczone w ogniu, czują się nim znudzeni. Ponieważ pogrążeni w swoich myślach zapominają je. Osoby te nie są w stanie rozwijać się duchowo, ani żyć w prawdzie.

Po czwarte, nie należy zostawiać Słowa Bożego do rana

Jakie jest znaczenie zdania: „nie pozostawiajcie z niego nic do rana, a jeśli z niego zostanie coś do rana, spalcie to w ogniu"?

Oznacza ono, że należy spożywać ciała Syna Człowieczego, czyli Słowa Bożego nocą. Świat, w którym obecnie żyjemy jest światem ciemności we władaniu szatana, i pod względem duchowym można określić go jako noc lub mrok. Kiedy Pan nasz przyjdzie ponownie, ciemność ustąpi światłości, wszystko zostanie przywrócone do właściwego porządku i nastanie ranek.

Dlatego „nie pozostawiajcie z niego nic do rana" oznacza, że powinniśmy poznać Słowo Boże, aby przygotować się na ponowne przyjęcie Pana. Co więcej, niezależnie od daty nadejścia Jezusa Chrystusa, umieramy w wieku około siedemdziesięciu lub osiemdziesięciu lat. Podczas naszego życia nie znamy dnia ani godziny, o której Bóg wezwie nas do siebie. W tym czasie wzrastamy duchowo do stopnia, w jakim spożywamy ciało i pijemy krew Syna Człowieczego. Dlatego powinniśmy nieustannie podejmować wysiłek poznawania Słowa Bożego i rozwijać się duchowo.

Jeśli poprzez nieustanny rozwój ducha posiądziemy wiarę ojców, okryjemy się chwałą i będziemy jaśnieć niczym słońce w królestwie niebieskim. A wszystko dlatego, że znamy Boga, zostaliśmy stworzeni na Jego obraz, posiądziemy dziewięć owoców Ducha Świętego i otrzymamy Osiem Błogosławieństw.

Pić krew Syna Człowieczego

Aby utrzymać się przy życiu, jemy i pijemy wodę. Pozbawiony wody organizm nie potrafi strawić pożywienia i umiera. Kiedy wzbogacony w wodę pokarm trafia do żołądka składniki pokarmowe przyswajają się, a produkty uboczne przemiany materii zostają wydalone.

Podobnie dzieje się, kiedy spożywamy ciało Syna Człowieczego. Nie zostanie ono strawione, jeśli nie będziemy pili jego krwi. Życie wieczne można osiągnąć tylko jedząc ciało Syna Człowieczego i pijąc Jego krew.

„Picie krwi Syna Człowieczego" oznacza wprowadzanie popartego wiarą Słowa Bożego w czyn. Po wysłuchaniu Pisma Świętego ważne jest, aby przechodzić od słów do czynów. To właśnie jest wiara. Jeśli zaniechamy działań po wysłuchaniu Słowa Bożego i zrozumieniu go, ponowne słuchanie nie przyniesie żadnych korzyści.

Tak, jak przyswajane są składniki odżywcze, a produkty przemiany materii wydalane poza organizm, tak przyswajane jest Słowo Boże, które jest prawdą. Natomiast fałsz usuwany jest, gdy działamy według Słowa Bożego i oczyszcza się nasze serce.

Czym w takim razie jest przyswojenie prawdy oraz usunięcie fałszu? Przypuśćmy, że przed chwilą wysłuchaliśmy Słowa Bożego, które nakazuje, abyśmy nie odczuwali nienawiści w stosunku do bliźniego, ale kochali go. Jeśli słowo to stanie się naszym pokarmem, to naszym pożywieniem stanie się miłość – nienawiść zostanie usunięta. Poprzez usunięcie brudnych myśli, serce automatycznie stanie się czystsze i wypełnione prawdą.

Wysłuchawszy Słowa Bożego postępujmy zgodnie z nim

Nie pijemy krwi Syna Człowieczego, jeśli nie postępujemy zgodnie ze Słowem Bożym. Ponieważ Słowo Boże staje się jedynie suchą wiedzą, nie może zostać zbawiony ten, kto nie postępuje według niego.

Picie krwi Syna Człowieczego, czyli postępowanie według Słowa Bożego, nie może dokonać się poprzez jedynie ludzki wysiłek. Posiadając wolę i postępując według Jego słowa, podczas gorliwej modlitwy otrzymujemy boską łaskę i moc.

Gdybyśmy mogli zmazać nasze grzechy samodzielnie, Jezus nie musiałby umierać na krzyżu, a Bóg nie zsyłałby Ducha

Świętego. Zbawiciel został ukrzyżowany, aby nasze grzechy zostały odpuszczone. Sami nie potrafimy poradzić sobie z problemem grzechu. Z kolei zadaniem Ducha Świętego jest oczyszczanie naszych serc. Duch Święty pomaga dzieciom Bożym żyć w prawdzie i sprawiedliwości. Dlatego przy jego pomocy, dzieci Boże powinny stroniąc od grzechu postępować zgodnie ze Słowem Bożym, a w zamian otrzymają Boże błogosławieństwo i miłość.

Przebaczenie można odnaleźć tylko chodząc w światłości

Kiedy mówimy, że spożywamy ciało i pijemy krew Syna Człowieczego oznacza to, że chodzimy w światłości, czyli postępujemy zgodnie ze Słowem Bożym. Jakie zachowania mamy na myśli? Wychodzimy z ciemności i chodzimy w światłości wtedy, kiedy spożywamy ciało Syna Człowieczego i trawimy je, dzięki czemu nasze serce wypełnia prawda. Wtedy krew Pana oczyszcza nas z grzechów przeszłych, teraźniejszych i przyszłych.

Nawet, jeśli nasze grzechy nie zostaną zmazane, to jeśli z całego serca okażemy skruchę przed Bogiem, zostaną one przebaczone dzięki łasce Boskiej. Osoby wierzące i starające się o prawość swych serc nie są już grzesznikami, ale ludźmi sprawiedliwymi, którzy mogą zostać zbawieni i otrzymać życie wieczne.

Bóg jest światłością

W 1 Liście Jana 1,5 napisano: *„A zwiastowanie to, które słyszeliśmy od niego i które wam ogłaszamy, jest takie, że Bóg jest światłością, a nie ma w nim żadnej ciemności"*.

Apostoł Jan, autor 1 Listu Jana, był bezpośrednim uczniem Jezusa, który stał się dla Niego światłem wskazującym drogę do Boga.

W Ewangelii Jana 1,4-5 napisano o Jezusie: *„W nim było życie, a życie było światłością ludzi. A światłość świeci w ciemności, lecz ciemność jej nie przemogła"*. Natomiast Jezus określa siebie w następujących słowach: *„Ja jestem droga i prawda, i żywot, nikt nie przychodzi do Ojca, tylko przeze mnie"* (Jan. 14,6).

Dzięki Jezusowi uczniowie dostrzegli, że „Bóg jest światłością" i takie samo przesłanie kierują w Biblii do nas.

Duchowo, światłość oznacza prawdę

Czym jest światłość? Pod względem duchowym oznacza prawdę, a prawda jest przeciwieństwem ciemności.

W Liście do Efezjan 5,8 jest napisane: *„Byliście bowiem niegdyś ciemnością, a teraz jesteście światłością w Panu. Postępujcie jako dzieci światłości"*. Osoby, które wysłuchają przesłania o tym, że „Bóg jest światłością" i poznają prawdę, którą przekazuje Bóg, sami staną się światłością dla świata, i tak, jak światło, będą wypierać ciemność.

Dzieci światłości działając w prawdzie, jednocześnie niosą

owoc światłości. Dlatego w Liście do Efezjan 5,9 napisano: „*Bo owocem światłości jest wszelka dobroć i sprawiedliwość, i prawda*". Duchowa miłość opisana w 1 Liście do Koryntian 13 oraz owoce Ducha Świętego takie jak miłość, radość, spokój, cierpliwość, uprzejmość, dobroć, wierność, łagodność i opanowanie są owocami światłości.

Światłość odnosi się do wszystkich słów prawdy wypowiedzianych przez Boga w Biblii dotyczących dobroci, sprawiedliwości i miłości (np. „kochajcie się wzajemnie, módlcie się, dzień święty święćcie, przestrzegajcie dziesięciu przykazań").

W kontekście duchowym ciemność oznacza grzech

Ciemność oznacza brak światłości i z duchowego punktu widzenia jest grzechem.

Ciemność obejmuje wszelką fałszywość, o której wspomina min. List do Rzymian 1,28-29: „*A ponieważ nie uważali za wskazane uznać Boga, przeto wydał ich Bóg na pastwę niecnych zmysłów, aby czynili to, co nie przystoi; Są oni pełni wszelkiej nieprawości, złości, chciwości, nikczemności, pełni są również zazdrości, morderstwa, zwady, podstępu, podłości*". Wszystko to jest ciemnością.

Biblia radzi nam, aby porzucić wszystko, co należy do ciemności: kradzieże, zabójstwa, cudzołóstwo i wszelkie inne zło.

Są osoby, które uważają się za dzieci Boże, mimo że nie słuchają Boga lub działają wbrew Jego woli i odrzucają prawdy, które nam przekazuje. Takimi osobami włada szatan, należący do tego świata, dlatego nigdy nie może on przebywać w pobliżu światła. Z tego też powodu chodzący w ciemności ludzie nienawidzą światła i trzymają się od niego z daleka.

Z drugiej strony prawdziwe dzieci Boże, które są światłością i w których nie ma żadnej ciemności, powinny walczyć z ciemnością i chodzić w światłości. Tylko wtedy możemy porozumieć się z Bogiem, a w naszym życiu wszystko będzie układało się po naszej myśli.

Dowód zjednoczenia z Bogiem

Zazwyczaj pomiędzy rodzicami a ich dziećmi wytwarza się bliska więź. Dla osób wierzących w Jezusa Chrystusa, nawiązywanie podobnej więzi z Bogiem, Ojcem naszej duchowości jest oczywiste (1 Jan. 1,3).

Przyjaźń w tym kontekście oznacza nie tylko świadomość istnienia, ale również dobrą znajomość. Mimo, że wiele wiemy o prezydencie, nie znaczy, że przyjaźnimy się z nim. Podobnie jest z więzią z Bogiem. Aby zjednoczyć się z Nim naprawdę, powinniśmy znać Go tak dobrze, jak On zna i rozpoznaje nas.

W 1 Liście Jana 1,6-7 jest napisane: *„Jeśli mówimy, że z nim społeczność mamy, a chodzimy w ciemności, kłamiemy i nie trzymamy się prawdy; jeśli zaś chodzimy w światłości, jak On sam jest w światłości, społeczność mamy z sobą, i krew Jezusa Chrystusa, Syna jego, oczyszcza nas od wszelkiego grzechu".*

Oznacza to, że osiągamy jedność z Bogiem, kiedy pozbędziemy się grzechów i będziemy chodzić w światłości. Kłamstwem jest utrzymywanie, że przyjaźnimy się z Bogiem, podczas gdy postępujemy i żyjemy w ciemności.

Przyjaźń z Bogiem jest równoznaczna z posiadaniem duchowej, prawdziwej więzi z Nim, która znacznie różni się od bezbożnej więzi opartej jedynie na suchej wiedzy. Aby zjednoczyć się z Bogiem, który jest światłością, sami musimy chodzić w światłości. Duch Święty – serce Boga – uczy nas woli Bożej, abyśmy mogli pozostać w prawdzie i pogłębiać nasz kontakt z Bogiem podczas czytania Słowa Bożego i modlitwy.

Chodzić w ciemności

Kłamiemy, jeśli grzesząc chodzimy w ciemności i równocześnie twierdzimy, że łączy nas więź z Bogiem. Jest to przeciwieństwo prawdy ostatecznie prowadzące na drogę śmierci.

W 1 Księdze Samuela 2 rozdziale przedstawieni są synowie Heliego – kapłana, którzy byli nikczemni i grzeszyli. Jednak Heli zamiast ich ukarać, tylko ich upominał: „Dlaczego tak postępujecie? Nie czyńcie złego".

W rezultacie spadł na nich gniew Boży. Dwóch synów kapłana Heliego poniosło śmierć podczas bitwy. Sam Heli doznał wypadku, upadając dużej wysokości złamał kark i zmarł. Gniew Boży dosiągł także jego potomków (1 Sam. 2,27-36, 4,11-22).

Dlatego, jak napisane jest w Liście do Efezjan 5,11-13: „*Nie miejcie nic wspólnego z bezowocnymi uczynkami ciemności, ale je raczej karćcie. Bo to nawet wstyd mówić, co się potajemnie wśród nich dzieje. Wszystko to zaś dzięki światłu wychodzi na jaw jako potępienia godne*".

Jeśli znamy kogoś, kto uważa, że łączy go więź z Bogiem, lecz nie chodzi w światłości, należy tę osobę napomnieć w miłości. Jeśli nadal nie zdecyduje się wkroczyć na ścieżkę światła, należy ją skarcić, aby nie zeszła na drogę śmierci.

Przebaczenie odnajdujemy chodząc w światłości

W naszym świecie kara za przekroczenie prawa jest stosowna do wyrządzonej szkody. Jednak sprawca z powodu wyrządzonej krzywdy nosi w sobie poczucie winy, którego nie może się pozbyć, mimo że zapłacił odszkodowanie i został ukarany. Podobnie nasza grzeszna natura tkwi w naszych sercach nawet, jeśli przyjmiemy do niego Jezusa Chrystusa, a nasze grzechy zostaną przebaczone i zostajemy usprawiedliwieni. Dlatego Bóg nakazuje nam oczyścić z grzechu nasze serca tak, aby znikło poczucie winy.

W Księdze Jeremiasza 4,4 jest napisane: *„Obrzeżcie się dla Pana i usuńcie nieobrzezki waszych serc, mężowie judzcy i mieszkańcy Jeruzalemu, aby mój gniew nie wybuchł jak ogień i nie palił, a niktby go nie ugasił z powodu waszych złych czynów!"* Obrzezanie oznacza wycinanie skóry serca.

Wycinanie skóry serca oznacza stosowanie się do słów Bożych w Biblii takich jak nakazy, zakazy, pouczenia i przestrogi. Innymi słowy jest to odrzucenie wszystkiego, co przeciwne Słowu Bożemu. To wyzbycie się fałszu, zła, niesprawiedliwości, bezprawia, ciemności, oraz oczyszczenie serca i wypełnienie go prawdą.

Dlatego musimy spożywać Słowo Boże, przyswajać je jako

pokarm za pomocą czynów i wyzbywać się zła oraz fałszu, które należą do sił ciemności. Oczyszczając serce, wzrastamy duchowo.

Kiedy staniemy się szczerymi ludźmi pod względem duchowym, odrzucimy grzech i zło, nawiążemy prawdziwą przyjaźń z Bogiem. Wtedy krew Jezusa Chrystusa oczyści nas z grzechów.

Należy więc nie tylko przyjąć Jezusa Chrystusa do serca i ogłosić się prawym, ale poprzez spożywanie ciała Syna Człowieczego, picie Jego krwi oraz oczyszczenie serca, przemienić się w prawdziwie prawego człowieka.

Szczera wiara poparta jest działaniem

Ku naszemu zdziwieniu, zapewne dostrzegamy wiele osób, które nie znają prawdziwego znaczenia wiary. Niektóre z nich mówią: „Dlaczego nie pójdziesz do kościoła? Nadal masz szansę być zbawionym".

Jednak jeśli wysłuchamy i poznamy słowo Boże, a nie postępujemy według niego, to wiara nasza jest jedynie pewnym rodzajem wiedzy, a nie szczerą wiarą. Zachowując się w ten sposób, nie zostaniemy zbawieni. Jakiej zatem wiary oczekuje od nas Bóg? Jak możemy zostać zbawieni przez wiarę?

Szczery skrucha wymaga całkowitego odrzucenia grzechów

W 1 Liście Jana 1,8-9 jest napisane: *„Jeśli mówimy, że*

grzechu nie mamy, sami siebie zwodzimy, i prawdy w nas nie ma. Jeśli wyznajemy grzechy swoje, wierny jest Bóg sprawiedliwy i odpuści nam grzechy, i oczyści nas od wszelkiej nieprawości".

Czym jest wyznanie grzechów?

Przypuśćmy, że Bóg mówi: „Podążanie na wschód jest drogą ku wiecznemu życiu i taka jest moja wola, więc idź na wschód". Jeśli pomimo to będziemy szli na zachód mówiąc: „Boże, powinienem iść na wschód, ale idę na zachód, więc proszę przebacz mi" - nie jest to wyznanie grzechu. Nie jest to zarówno wiara w Boga, jak i bojaźń Boża, a raczej drwienie z Niego. Szczere okazanie skruchy to wyznanie grzechów i zupełne wyzbycie się ich ze swych myśli i zachowań. Tylko wtedy Bóg postrzega je jako akt skruchy i przebacza.

Umrzemy, jeśli mimo posiadania wiedzy, że pokarm jest niezbędny do życia, odmówimy jego spożywania. Podobnie nie oczyści nas krew naszego Pana, jeśli szczerze nie wyznajemy i nie odrzucamy grzechów.

Wiara bez uczynków martwa jest

W Liście Jakuba 2,22 jest napisane: *„Widzisz, że wiara współdziałała z uczynkami jego i że przez uczynki stała się doskonała".* Wers 26 natomiast brzmi: *„Bo jak ciało bez ducha jest martwe, tak i wiara bez uczynków jest martwa".*

Wiele osób chodzi do kościoła, ponieważ usłyszało, czym jest piekło i niebo. Niestety, ich uczynki świadczą o braku wiary w sercu, którego powodem jest nieobecność przekonania, że piekło

i niebo naprawdę istnieją.
Jest to sucha wiedza - martwa wiara. Jak możemy wyznawać wiarę, jeśli nadal żyjemy w grzechu? Biblia niejednokrotnie przestrzega, że grzech świadomy gorszy jest od grzechu popełnionego nieświadomie. Bóg nie uznaje wiary, która nie jest poparta uczynkami. W ten sposób sami siebie zwodzimy.

Kiedy Izraelici opuszczali Egipt, byli świadkami wielu dzieł Bożych. Ojciec Niebieski rozdzielił wody Morza Czerwonego, dał im mannę i przepiórki, za dnia chronił słupem obłoku, a nocą słupem ognia.

Jednak, kiedy Bóg nakazał wysłać zwiad do ziemi Kanaan, jedynie Jozue i Kaleb posłuchali i uwierzyli w Słowo Boże i Jego moc. W konsekwencji Izraelici, którzy zwątpili w zapewnienia Boga o doskonałej ziemi Kanaan, zostali ukarani czterdziestoma latami wędrówki po pustyni, która doprowadziła do śmierci większość z nich.

Dlatego musimy mieć świadomość, że brak wiary oraz uczynków zgodnych ze Słowem Bożym nie przynosi żadnych korzyści nawet, jeśli sami doświadczyliśmy wielu dzieł Bożych. Wiara musi być poparta uczynkami.

Jedynie ludzie posłuszni Prawu będą usprawiedliwieni

W Liście do Rzymian 2,13 Bóg mówi: *„Gdyż nie ci, którzy zakonu słuchają, są sprawiedliwi u Boga, lecz ci, którzy zakon wypełniają, usprawiedliwieni będą".*

Sprawiedliwymi nie stajemy się poprzez samo uczęszczanie

na msze i wysłuchanie poselstwa. Zostajemy usprawiedliwieni, gdy nasze fałszywe serce, poprzez uczynki zgodne ze Słowem Bożym, zamienia się w serce przepełnione prawdą.

Niektórzy twierdzą, że aby zostać zbawionym, wystarczy wołać „Panie" do Jezusa Chrystusa. Przekonanie to bierze się z niewłaściwego zrozumienia wersu 10,13 z Listu do Rzymian: *„Każdy bowiem, kto wzywa imienia Pańskiego, zbawiony będzie"*. Jest to mylna interpretacja. W Księdze Izajasza jest napisane: „Badajcie Pismo Pana i czytajcie: Żadnej z tych rzeczy nie brak, żadna z nich nie pozostanie bez drugiej, gdyż usta Pana to nakazały i jego Duch je zgromadził". Każde słowo Boże ma swój odpowiednik i staje się doskonałe, gdy jest interpretowane wraz z nim.

W Liście do Rzymian 10,9-10 napisano: *„Bo jeśli ustami swoimi wyznasz, że Jezus jest Panem, i uwierzysz w sercu swoim, że Bóg wzbudził go z martwych, zbawiony będziesz. Albowiem sercem wierzy się ku usprawiedliwieniu, a ustami wyznaje się ku zbawieniu"*.

Zatem tylko osoby, które w swoim sercu prawdziwie wierzą w zmartwychwstanie Jezusa, mogą wyznawać prawdę ustami, ponieważ żyją według Słowa Bożego. Zbawiony zostanie ten, kto wyznanie popiera szczerą wiarą i staje się prawym człowiekiem. Jednak osoby, które wyznają, lecz nie posiadają rzeczywistej wiary, nie dostąpią zbawienia.

Dlatego Jezus w Ewangelii Mateusza 13,49-50 ostrzega: *„Tak będzie przy końcu świata: wyjdą aniołowie i wyłączą złych spośród sprawiedliwych, i wrzucą ich w piec ognisty; tam będzie płacz i zgrzytanie zębów"*.

Słowo „sprawiedliwi" odnosi się do ludzi, którzy uznają Boga i wierzą w Niego. „Wyłączenie złych spośród sprawiedliwych" oznacza, że osoby, które nie postępują według słowa Bożego, nie zostaną zbawione nawet, jeśli uczęszczają do kościoła i wiodą chrześcijańskie życie.

Bóg pragnie oczyszczenia serc

Bóg pragnie, aby Jego dzieci były święte i doskonałe. W 1 Liście Piotra 1,15 jest napisane: *„Lecz za przykładem świętego, który was powołał, sami też bądźcie świętymi we wszelkim postępowaniu waszym"*, natomiast w Ewangelii Mateusza 5,48 czytamy: *„Bądźcie wy tedy doskonali, jak Ojciec wasz niebieski doskonały jest"*.

W czasach Starego Testamentu ludzie osiągali zbawienie dzięki uczynkom, jednak w czasach Nowego Testamentu, po tym jak pełen miłości Jezus Chrystus wypełnił prawo, zbawienie osiągamy poprzez wiarę.

Być zbawionym przez uczynki zgodne z prawem oznacza, że nawet serca wypełnione ciemnością, które pragnęły śmierci, cudzołóstwa, nienawidziły, kłamały itp., nie były uważane za grzeszne, dopóki uczynki te nie zostały wcielone w życie.

Bóg nie potępiał ludzi, dopóki nie czynili zła. Działo się tak, ponieważ w czasach Starego Testamentu, ludzie nie posiadali Ducha Świętego, który mógłby pomagać im w odrzuceniu grzechu. Zmiana nastąpiła od czasów Nowego Testamentu, kiedy warunkiem zbawienia stało się oczyszczenie serca w wierze, dzięki pomocy Ducha Świętego. Sprawia On, że wiemy, czym jest grzech, sprawiedliwość i sąd Boży, oraz umożliwia nam życie według Słowa Bożego. Dzięki Niemu możemy poradzić sobie z fałszem i oczyścić nasze serce.

Musimy być świadomi, że Bóg prosi nas, abyśmy oczyścili nasze serca z grzechu, stawali się świętymi, i rozwijali w sobie naturę Boską. Apostoł Paweł wiedział o tym i podkreślał, jak ważne jest dbanie o czystość wewnętrzną, a nie obłudne pokazywanie jej na zewnątrz (Rzym. 2,28-29). Nauczał, abyśmy wytrwale, nawet płacąc krwią, walczyli z grzechem skupiając się na Jezusie, który udoskonala naszą wiarę (Hebr. 12,1-4).

Mam nadzieję, że każdy z nas będzie posiadał szczerą wiarę i dawał jej dowód swoimi uczynkami. Bądźmy świadomi, że samym wołaniem „Panie, Panie" nie wstąpimy do królestwa niebieskiego. Dostaniemy się tam dzięki chodzeniu w światłości i oczyszczeniu serca.

Rozdział 9

Narodzić się z wody i z Ducha

- Nikodem przychodzi do Jezusa
- Jezus objaśnia Nikodemowi duchowe prawdy
- Narodzeni z wody i z Ducha
- Trzy świadectwa: Duch, woda i krew

···PRZESŁANIE KRZYŻA

„*Był wśród faryzeuszów pewien człowiek, imieniem Nikodem, dostojnik żydowski. Ten przyszedł do Niego nocą i powiedział Mu: Rabbi, wiemy, że od Boga przyszedłeś jako nauczyciel. Nikt bowiem nie mógłby czynić takich znaków, jakie Ty czynisz, gdyby Bóg nie był z Nim. W odpowiedzi rzekł do niego Jezus: Zaprawdę, zaprawdę, powiadam ci, jeśli się ktoś nie narodzi powtórnie, nie może ujrzeć królestwa Bożego. Nikodem powiedział do Niego: Jakżeż może się człowiek narodzić będąc starcem? Czyż może powtórnie wejść do łona swej matki i narodzić się? Jezus odpowiedział: Zaprawdę, zaprawdę, powiadam ci, jeśli się ktoś nie narodzi z wody i z Ducha, nie może wejść do królestwa Bożego*".

Ewangelia Jana 3,1-5

Bóg zesłał swego jedynego Syna Jezusa Chrystusa i otworzył nam drogę zbawienia. Kto Go przyjmie do serca, nabywa prawo do stania się dzieckiem Bożym. Otrzyma wiele błogosławieństw i życie wieczne. Jednak w dzisiejszych czasach, możemy zauważyć, że mimo przyjęcia Jezusa Chrystusa do serca, wielu ludzi nie posiada pewności zbawienia. Co więcej, niektórzy są pewni zbawienia, ale nie posiadają wystarczającej wiary, by to się rzeczywiście stało. Inni z kolei uważają, że zostaną zbawieni, ponieważ zstąpił na nich Duch Święty, ale zupełnie nie zwracają uwagi na to, co czynią.

W podsumowaniu przesłania krzyża, wyjaśnimy przy pomocy historii Nikodema jak, od chwili przyjęcia Jezusa Chrystusa do serca, osiągnąć zbawienie doskonałe.

Nikodem przychodzi do Jezusa

W czasach Jezusa Chrystusa faryzeusze wysoko cenili prawo Mojżeszowe, oraz domagali się przestrzegania tradycji starszych. Byli religijnymi przywódcami wśród Izraelitów, którzy wierzyli w nadejście Mesjasza, suwerenność Boga, zmartwychwstanie, aniołów i Sąd Ostateczny.

Mimo to Jezus wielokrotnie ganił ich, mówiąc: „Biada wam,

faryzeusze", ponieważ zachowywali się jak hipokryci. Na zewnątrz pozowali na ludzi świętych, jednak wewnątrz cechowała ich obłuda i chciwość. Byli jak groby pobielane (Mat. 23,25-36).

Nikodem miał dobre serce

Nikodem był jednym z żydowskich faryzeuszy, członkiem rady zwanej Sanhedrynem. W przeciwieństwie do pozostałych osób w radzie, nie oskarżał Jezusa. Wierzył, że Jezus jest wysłannikiem Boga, widział cuda i znaki czynione przez Syna Człowieczego, a ponieważ miał dobre serce, pragnął ustalić, kim jest Jezus.

W Ewangelii Jana 7,51 Nikodem staje w obronie Jezusa pytając planujących schwytać Zbawiciela faryzeuszy: *"Czyż zakon nasz sądzi człowieka, jeżeli go wpierw nie przesłucha i nie zbada, co czyni?"*

Jako członek Sanhedrynu musiał wypowiedzieć takie słowa. Również dziś, gdy rząd prawnie delegalizuje Chrześcijaństwo lub zniechęca do niego, urzędnicy nie mogą stanąć po stronie religii. Podobnie było w tamtych czasach, Izraelici nie uznawali żadnych innych religii poza Judaizmem. Nikodem wiedział, że stając po stronie Jezusa może zostać ekskomunikowany. Mimo to bronił Go. Okazało się, że słusznie, a jego wiara okazała się silna.

Opis w Ewangelii Jana 19,39-40 przedstawia sytuację zaraz po śmierci Jezusa na krzyżu:

Przyszedł też Nikodem, ten, który poprzednio przybył

w nocy do Jezusa, niosąc około stu funtów mieszaniny mirry i aloesu. Wzięli tedy ciało Jezusa i zawinęli je w prześcieradła z wonnościami, jak Żydzi mają zwyczaj chować umarłych.

Z powyższego fragmentu dowiadujemy się, że Nikodem wierzył w Jezusa jako Syna Bożego, służył Mu nawet po ukrzyżowaniu oraz otrzymał zbawienie, dzięki wierze w Jego zmartwychwstanie.

Nikodem przychodzi do Jezusa

W Ewangelii Jana 3 opisana jest rozmowa między Jezusem a Nikodemem, zanim ten w duchu pojął prawdę. *„Ten przyszedł do Jezusa w nocy i rzekł mu: Mistrzu! Wiemy, że przyszedłeś od Boga jako nauczyciel; nikt bowiem takich cudów czynić by nie mógł, jakie Ty czynisz, jeśliby Bóg z nim nie był"* (wers 2).

Na początku Nikodem nie zdawał sobie sprawy, że Jezus był Mesjaszem i Synem Bożym. Zrozumiał to dopiero, gdy zobaczył cuda. Było to możliwe, ponieważ miał czyste sumienie. To dzięki niemu nic nie przeszkodziło mu pojąć, że tylko Wszechmogący Bóg może wskrzeszać zmarłych, niewidomym przywracać wzrok, a chorych uzdrawiać.

Dlaczego Nikodem przyszedł do Jezusa nocą? Ponieważ był jak ludzie, którzy wstydzą się jawnie uczęszczać do kościoła z powodu nikłego zaufania do Boga Stwórcy.

Wprawdzie Nikodem miał dobre serce, jednak nie cechowała go szczera wiara. Nie pokładał zaufania w Jezusie, Synu Bożym i dlatego odwiedził go skrycie - w nocy.

Jezus objaśnia Nikodemowi duchowe prawdy

„Odpowiadając Jezus, rzekł mu (Nikodemowi – przyp. tłum.): Zaprawdę, zaprawdę, powiadam ci, jeśli się kto nie narodzi na nowo, nie może ujrzeć Królestwa Bożego" (wers 3). Jednak Nikodem nic z tego nie zrozumiał. Zapytał, więc: „Jakże się człowiek może narodzić, gdy jest stary?" Nikodem nie miał duchowej wiary, dlatego zastanawiał się „Stary człowiek umiera i obraca się w proch, więc jak może się ponownie narodzić?"

Wtedy Jezus opowiedział mu o narodzinach z wody i Ducha: *„Zaprawdę, zaprawdę, powiadam ci, jeśli się kto nie narodzi z wody i z Ducha, nie może wejść do Królestwa Bożego. Co się narodziło z ciała, ciałem jest, a co się narodziło z Ducha, duchem jest"* (Jan. 3,5-6).

Gdy Nikodem zaciekawił się słowami Jezusa, ten opowiedział mu przypowieść: *„Wiatr wieje, dokąd chce, i szum jego słyszysz, ale nie wiesz, skąd przychodzi i dokąd idzie; tak jest z każdym, kto się narodził z Ducha"* (Jan. 3,8).

Kiedy człowiek narodzi się z Ducha, jego dusza zostaje wskrzeszona, gdyż po grzechu Adama dusze wszystkich ludzi zmarły i każdy człowiek skazany był na śmierć. Jednak jako istota duchowa, człowiek ponownie odzyskuje status „stworzonego na podobieństwo Boga" i może dostąpić zbawienia. Nikodem jednak nie do końca zrozumiał słowa Jezusa (Jan. 3,9) i zapytał:

„Jakże to się stać może?" A Jezus odpowiedział:

Jeśli nie wierzycie, gdy wam mówiłem o ziemskich sprawach, jakże uwierzycie, gdy wam będę mówił o niebieskich? A nikt nie wstąpił do nieba, tylko Ten, który zstąpił z nieba, Syn Człowieczy. I jak Mojżesz wywyższył węża na pustyni, tak musi być wywyższony Syn Człowieczy. Aby każdy, kto weń wierzy, nie zginął, ale miał żywot wieczny (Jan. 3,12-15).

W Księdze Liczb 21,4-9 wyprowadzeni z Egiptu Izraelici spiskowali przeciw Mojżeszowi, ponieważ ich podróż do ziemi Kanaan stawała się coraz bardziej uciążliwa. Wtedy Bóg zesłał jadowite węże, które pokąsały narzekających ludzi. Gdy lud wołał o pomoc, Bóg nakazał Mojżeszowi, aby osadził na drzewcu węża z brązu. Każdy, kto na niego spojrzał został ocalony. Jednak byli tam ludzie uparci i bez wiary, które nawet tego nie uczyniły i zmarły.

Duchowy sens Słowa Bożego

Dlaczego Bóg nakazał osadzić na drzewcu węża z brązu? Z Księgi Rodzaju 3,14 wiemy, że wąż został przeklęty. Co więcej, W Liście do Galacjan 3,13 jest napisane: *„Przeklęty każdy, kto zawisł na drzewie".*

Stąd, osadzenie na drzewcu węża z brązu symbolizuje Jezusa, który jak przeklęty wąż zawiśnie na krzyżu dla naszego zbawienia. Kto spojrzał na węża z brązu przeżył. Tak samo ktokolwiek wierzy w Jezusa Chrystusa, zostanie zbawiony.

Nikodem nie potrafił pojąć znaczenia słów Bożych, ponieważ nie narodził się jeszcze z wody i ducha. Można powiedzieć, że jego duchowe oczy były jeszcze zamknięte.

Nawet dziś, jeżeli narodziliśmy się z wody i z Ducha, mamy oczy duchowe szeroko otwarte, ze względu na zbyt dosłowną interpretację, możemy nie zrozumieć duchowego przesłania w odpowiedni sposób.

Musimy gorliwie modlić się, aż ,dzięki natchnieniu Ducha Świętego, zrozumiemy słowa Boże. Wtedy łaskawy Bóg otworzy nasze serca, które wypełnią się prawdziwą wiarą.

Narodzeni z wody i z Ducha

Kiedy Nikodem przyszedł w nocy do Jezusa, Jezus rzekł: *„Zaprawdę, zaprawdę, powiadam ci, jeśli się kto nie narodzi z wody i z Ducha, nie może wejść do Królestwa Bożego. Co się narodziło z ciała, ciałem jest, a co się narodziło z Ducha, duchem jest"* (Jan. 3,5-6).

Wyjaśnijmy, co dokładnie znaczy być narodzonym z wody i z Ducha, oraz jak możemy się w ten sposób narodzić i dostąpić zbawienia.

Woda symbolizuje Wodę życia

Woda zaspakaja pragnienie i przynosi ukojenie organom wewnętrznym. Oczyszcza ciało zarówno na zewnątrz, jak i wewnątrz.

Jezus porównał Wodę życia do zwykłej wody, chcąc dać do zrozumienia, że oczyszcza nas oraz stanowi źródło życia.

W Ewangelii Jana 4,14 Jezus poucza nas: *„Ale kto napije się wody, którą Ja mu dam, nie będzie pragnął na wieki, lecz woda, którą Ja mu dam, stanie się w nim źródłem wody wytryskującej ku żywotowi wiecznemu".* Woda gasi pragnienie, które jednak po jakimś czasie powraca. W przytoczonym fragmencie Pisma Świętego woda oznacza wodę wieczną. Ktokolwiek pije wodę daną przez Jezusa, nigdy nie będzie odczuwał pragnienia. „Źródło wody wytryskującej ku żywotowi wiecznemu" jest źródłem życia.

W Ewangelii Jana 6,54-55 napisano: *„Kto spożywa ciało moje i pije krew moją, ten ma żywot wieczny, a Ja go wskrzeszę w dniu ostatecznym. Albowiem ciało moje jest prawdziwym pokarmem, a krew moja jest prawdziwym napojem".* Mowa jest o ciele i krwi Jezusa, które razem stanowią Wodę życia.

Ciało Zbawiciela oznacza także słowa w Biblii, ponieważ Jezus jest Słowem, które ciałem się stało. Spożywanie Jego ciała to inaczej czytanie i stosowanie się do Pisma Świętego.

Krew Jezusa jest życiem, a życie jest prawdą. Prawdą jest Chrystus, a Chrystus jest mocą Bożą. Wszystko to jest krwią Jezusa. Ponieważ moc Boża ma swe źródło w wierze, picie Krwi Jezusa oznacza wiarę w słowa Jezusa i przestrzeganie Jego nauk.

Dowiedzieliśmy się, że w sensie duchowym woda symbolizuje ciało Jezusa, czyli słowo Boże oraz Baranka Bożego. Tak, jak woda oczyszcza nasze ciało, tak słowo Boże wymywa grzech z naszego serca.

Dlatego podczas chrztu używana jest woda, a chrzest wyznacza moment, od którego stajemy się dziećmi Bożymi, a nasze grzechy zostają przebaczone. Oznacza także, że od tej pory powinniśmy codziennie rozważać Słowo Boże, stając się ludźmi o coraz czystszym sercu.

Narodzeni ponownie z Wody życia

Jak za pomocą Słowa Bożego i Wody życia usuwamy grzech z naszych serc?

Jak już wiemy, istnieją cztery kategorie Prawa Bożego: „nakazy", „zakazy", „pouczenia" oraz „przestrogi". Na przykład Bóg zakazał nam zazdrości, nienawiści, osądzania, kradzieży, cudzołóstwa oraz mordowania.

Tak samo należy odrzucać wszelkie zło i nie czynić tego, co zabronione. Powinniśmy dzień święty święcić, ewangelizować ludzi, modlić się i kochać naszych braci i siostry. Wtedy, z pomocą Ducha Świętego stopniowo zacznie wypełniać nas prawda, a Słowo Boże wyprze wszelki fałsz i grzech. Jeśli będziemy postępować zgodnie z wolą Bożą, nasze serce zostanie oczyszczone z grzechu i wypełnione prawdą. Wszystko to zawiera się w słowach: „narodzić się z Wody życia".

Dlatego, aby dostąpić całkowitego zbawienia, powinniśmy przyjąć Jezusa do serca i oczyścić je ze wszelkiego grzechu, będąc posłusznymi Słowom Bożym w każdej chwili naszego życia.

Narodzeni ponownie z Ducha Świętego

Aby dostąpić zbawienia powinniśmy narodzić się nie tylko z wody, ale i z Ducha. Wobec tego, jak takie narodziny przebiegają? W Dziejach Apostolskich 19,2 apostoł Paweł pyta uczniów: „*Czy otrzymaliście Ducha Świętego, gdy uwierzyliście?*" Co to znaczy „otrzymać Ducha Świętego"?

Pierwszy człowiek Adam posiadał „ducha", „duszę", i „ciało" (1 Tes. 5,23), jednak na skutek grzechu nieposłuszeństwa jego duch zmarł. Adam stał się istotą podobną zwierzętom, które mają duszę i ciało (Kazn. 3,18).

Jeśli przyznajemy się do popełnionych grzechów i okazujemy za nie skruchę, Bóg obdarza nas Duchem Świętym na znak, że jesteśmy Jego dziećmi (Dz.Ap. 2,38).

Wszystkie dzieci Boże, które otrzymały Ducha Świętego, poprzez nieustanną i gorliwą modlitwę czerpią z niebios moc i siłę. Zdolne są odróżnić dobro od zła, ponieważ żyją według Słowa Bożego.

W ten sposób stajemy się prawdą oraz pozyskujemy tak dużą, duchową wiarę, że zaczyna mieszkać w nas Duch Święty. W Ewangelii Jana 3,6 napisano: „*Co się narodziło z ciała, ciałem jest, a co się narodziło z Ducha, duchem jest*", a w rozdziale 6 wersie 63: „*Duch ożywia. Ciało nic nie pomaga. Słowa, które powiedziałem do was, są duchem i żywotem*".

Postępując zgodnie z Duchem Świętym stajemy się istotą duchową

Rodząc się z wody i z Ducha Świętego otrzymujemy obywatelstwo niebieskie (Filip. 3,20). Jako dzieci Boże uczęszczamy na msze, wychwalamy z radością Pana i robimy wszystko, aby chodzić w światłości. Do chwili otrzymania Ducha Świętego żyliśmy w ciemności, ponieważ nie znaliśmy prawdy. Dopiero, gdy otrzymamy Ducha Świętego, staramy się żyć w prawdzie. W miarę upływu czasu zauważymy, że w sercu obok radości cały czas toczy się jakaś wewnętrzna walka. Dzieje się tak ze względu na prawo Ducha, które mówi, że cele Ducha Świętego są sprzeczne z grzeszną naturą człowieka tj. pożądliwością ciała, pożądliwością oczu i pychą życia (1 Jan. 2,16).

O wewnętrznej walce opowiada też apostoł Paweł: *„Bo według człowieka wewnętrznego mam upodobanie w zakonie Bożym. A w członkach swoich dostrzegam inny zakon, który walczy przeciwko zakonowi, uznanemu przez mój rozum i bierze mnie w niewolę zakonu grzechu, który jest w członkach moich. Nędzny ja człowiek! Któż mnie wybawi z tego ciała śmierci?"* (Rzym. 7,22-24).

W momencie narodzin z wody i z Ducha stajemy się dziećmi Bożymi. Jednak nie oznacza to, że jesteśmy doskonali pod względem duchowym.

Dlatego w Liście do Galacjan 5,16-17 napisano: *„Mówię więc: Według Ducha postępujcie, a nie będziecie pobłażali żądzy, cielesnej. Gdyż ciało pożąda przeciwko Duchowi, a*

Duch przeciwko ciału, a te są sobie przeciwne, abyście nie czynili tego, co chcecie".

Aby postępować według Ducha Świętego, musimy żyć zgodnie ze Słowem Bożym i czynić to, co miłe Bogu. Wtedy unikniemy pokus oraz posiądziemy siłę, aby zwalczyć szatana, który wiedzie nas na pokuszenie. Będziemy mogli żyć w prawdzie, budować królestwo Boże oraz zdać się na sprawiedliwość Pana.

Postępowanie według Ducha Świętego przynosi radość i spokój? Przeciwnie, jeśli będziemy kierować się naszą grzeszną naturą, czeka nas nieszczęście i brzemię niedoli.

W miarę jak dojrzewa nasza wiara, zaczynamy odrzucać grzech i postępować według Ducha Świętego we wszystkich obszarach naszego życia. Przychodzi nam to coraz łatwiej, ponieważ nasza grzeszna natura zanika. Niezależnie od sytuacji, stajemy się szczęśliwymi ludźmi.

Bóg cieszy się widząc ludzi, którzy postępują według Ducha Świętego. Jak podaje Księga Psalmów 37,4 Bóg ofiaruje ludziom pragnienia ich serca: *„Rozkoszuj się Panem, A da ci, czego życzy sobie serce twoje!"*

Bóg będzie się radował i zrobi dla nas wszystko, jeśli przeistoczymy nasze serce i pozwolimy, aby wypełniły się prawdą. Mam nadzieję, że każdy z nas narodzi się z wody i z Ducha Świętego, według którego będzie postępował.

Trzy świadectwa: Duch, woda i krew

Jak wyjaśnialiśmy poprzednio, aby zostać zbawionym, należy narodzić się z wody i z Ducha. Chcąc jednak dostąpić zbawienia całkowitego, musimy chodzić w światłości i dzięki krwi Jezusa, oczyścić się ze wszystkich grzechów. Jeśli nie oczyścimy serca, nadal jesteśmy grzeszni. Dlatego potrzebujemy krwi Jezusa Chrystusa, aby zmyć pozostałe grzechy.

Temat ten porusza 1 List Jana 5,5-8:

> *A któż może zwyciężyć świat, jeżeli nie Ten, który wierzy, że Jezus jest Synem Bożym? On jest tym, który przyszedł przez wodę i krew, Jezus Chrystus; nie w wodzie tylko, ale w wodzie i we krwi, a Duch składa świadectwo, gdyż Duch jest prawdą. Albowiem trzech jest świadków: Duch i woda, i krew, a ci trzej są zgodni.*

Jezus jest tym, który przyszedł przez wodę i krew

W Ewangelii Jana 1,1 jest napisane: *„Bogiem było Słowo"*. Następnie w wersie 1,14 czytamy: *„A Słowo ciałem się stało i zamieszkało wśród nas, i ujrzeliśmy chwałę jego, chwałę, jaką ma jedyny Syn od Ojca, pełne łaski i prawdy"*. Oznacza to, że Jezus, Jedyny Syn Boży i Słowo Boże samo w sobie, przyszedł na Ziemię pod postacią człowieka, aby przebaczyć nam nasze grzechy. Nawet dziś oczyszcza nas z grzechu dzięki słowom zawartym w Piśmie Świętym.

Jednak bez pomocy Ducha Świętego niemożliwe jest postępowanie według Słowa Bożego. Nie mamy wystarczających sił, aby pozbyć się wszystkich grzechów oraz stawić czoła pożądliwości ciała, pożądliwości oczu, oraz pysze życia. Niezbędna do tego jest pomoc Ducha Świętego, którą możemy otrzymać jedynie dzięki gorliwej modlitwie. Tylko wtedy w naszych sercach możemy zlikwidować ciemność i fałsz.

Aby otrzymać odpuszczenie grzechów, niezbędna jest także krew. W Księdze Hebrajczyków 9,22 jest napisane: *„A według zakonu niemal wszystko bywa oczyszczane krwią, i bez rozlania krwi nie ma odpuszczenia".* Tylko nieskazitelna krew Jezusa daje nam odpuszczenie.

Do zbawienia potrzebne są nam: Duch, woda i krew. Dlatego konieczne jest, abyśmy od Boga otrzymali Ducha Świętego oraz wierzyli w Jezusa, który przyszedł przez wodę i krew.

Bez krwi nie będzie odpuszczenia i nadal będziemy pogrążeni w grzechu. Aby zostać oczyszczonym, niezbędne są nie tylko woda i słowo, ale także Duch Święty, który pomaga postępować według niego. Dlatego niniejsze trzy elementy uzupełniają się.

Podsumowując, po przyjęciu Jezusa Chrystusa i odpuszczeniu grzechów, powinniśmy narodzić się ponownie z wody i z Ducha, aby otrzymać zbawienie całkowite. Musimy jednak zrozumieć, że tylko dzięki Duchowi, wodzie i krwi osiągniemy je i wstąpimy do nieba.

PRZESŁANIE KRZYŻA

Rozdział 10

CZYM JEST HEREZJA?

- Biblijna definicja herezji
- Duch prawdy a duch fałszu

PRZESŁANIE KRZYŻA

„Lecz byli też fałszywi prorocy między ludem, jak i wśród was będą fałszywi nauczyciele, którzy wprowadzać będą zgubne nauki i zapierać się Pana, który ich odkupił, sprowadzając na się rychłą zgubę. I wielu pójdzie za ich rozwiązłością, a droga prawdy będzie przez nich pohańbiona. Z chciwości wykorzystywać was będą przez zmyślone opowieści; lecz wyrok potępienia na nich od dawna zapadł i zguba ich nie drzemie".

2 List Piotra 2,1-3:

Rozwój cywilizacji materialistycznej wzbudził większe zaufanie człowieka do własnej mądrości i wiedzy, a także spowodował odrzucenie Boga. Grzech dotyka coraz większą część populacji, w konsekwencji czego dusze ludzkie ogarnęła ciemność i zepsucie. Wiele osób daje się zwieść kłamstwu i nie potrafi już odróżnić prawdy od fałszu. Ludzie ci popełniają także błąd, oceniając innych na podstawie własnych teorii i wiedzy, które uważają za słuszne.

W Ewangelii Mateusza 12,22-32 Jezus uzdrawia opętanego, który był ślepy i niemy. Kiedy usłyszeli o tym faryzeusze, powiedzieli: *„Ten nie wygania demonów inaczej jak tylko przez Belzebuba, księcia demonów"* (wers 24). Uznali dzieło Boże za dzieło demona.

Jezus odpowiedział im: *„Dlatego powiadam wam: Każdy grzech i bluźnierstwo będzie ludziom odpuszczone, ale bluźnierstwo przeciw Duchowi nie będzie odpuszczone. A jeśliby ktoś rzekł słowo przeciwko Synowi Człowieczemu, będzie mu odpuszczone; ale temu, kto by mówił przeciwko Duchowi Świętemu, nie będzie odpuszczone ani w tym wieku ani w przyszłym"* (Mat. 12,31-32).

Faryzeusze wywnioskowali, że to co Jezus tak naprawdę dokonał dzięki mocy Bożej, było dziełem demona. Takie postępowanie jest niewybaczalnym bluźnieniem przeciw

Duchowi Świętemu. Jeśli posługując się Biblią, potrafimy rozróżnić prawdę od fałszu, przestaniemy oceniać innych ludzi, ani nie damy zwieść się kłamstwu.

Zbadajmy dokładnie czym, z punktu widzenia Boga, jest herezja. Jak odróżnić Ducha Bożego od złych duchów, oraz przyjrzyjmy się wybranym, heretyckim sektom, na które powinniśmy uważać.

Biblijna definicja herezji

Słownik języka polskiego definiuje herezję, jako „pogląd religijny sprzeczny z dogmatami religii panującej". Niektórzy uważają inne religie za heretyckie, ponieważ są przekonani, że to w co wierzą jest słuszne. Na przykład, dla Buddysty tylko Buddyzm jest jedyną prawdziwą i słuszną drogą, a religia taka jak Konfucjanizm jest fałszywa.

Paweł oskarżony jako przywódca heretyckiej sekty

W Dziejach Apostolskich 24,5 jest napisane: *„Mąż ten, stwierdziliśmy to bowiem, jest rozsadnikiem zarazy i zarzewiem niepokojów wśród wszystkich Żydów na całym świecie i przywódcą sekty nazarejczyków"*. W wersie tym mianem heretyckiej sekty określona jest sekta nazarejczyków. Jest to pierwszy raz, kiedy słowo „heretyk" pojawia się w Biblii.

Żydzi postawili Pawła przed namiestnikiem i oskarżyli go,

ponieważ sądzili, że ewangelia, którą głosił była herezją. Jak czytamy w Dziejach Apostolskich 24,13-16, Paweł odpierał zarzuty i trzymał się mocno wyznawanej wiary:

> *Ani też nie mogą ci dowieść tego, o co mnie teraz oskarżają. To jednak wyznaję przed tobą, że służę ojczystemu Bogu zgodnie z tą drogą, którą oni nazywają sektą, wierząc we wszystko, co jest napisane w zakonie i u proroków, pokładając w Bogu nadzieję, która również im samym przyświeca, że nastąpi zmartwychwstanie sprawiedliwych i niesprawiedliwych. Przy tym sam usilnie staram się o to, abym wobec Boga i ludzi miał zawsze czyste sumienie.*

Czy Apostoł Paweł był heretykiem?

Aby poznać definicję herezji, należy odszukać ją w Biblii. Jest to jedyne miejsce, w którym poznajemy słowo Boga - jedynej istoty, która potrafi odróżnić prawdę od fałszu. Zwrot, który niesie ze sobą znaczenie „heretyckiej sekty" pojawia się w Biblii kilkukrotnie. Jednak sama definicja herezji omawiana jest tylko raz:

> *Lecz byli też fałszywi prorocy między ludem, jak i wśród was będą fałszywi nauczyciele, którzy wprowadzać będą zgubne nauki i zapierać się Pana, który ich odkupił, sprowadzając na się rychłą zgubę (2 Piotr. 2,1).*

Zwrot „Pan, który ich odkupił" odnosi się do Jezusa Chrystusa. Początkowo, człowiek należał do Boga i był posłuszny Jego woli. Było tak do czasów Adama, który poprzez popełniony grzech stał się grzesznikiem, oddając duszę w ręce diabła. Jednak Bogu zrobiło się żal ludzi skazanych na drogę śmierci. Dlatego wysłał Jezusa, swojego jedynego Syna, jako ofiarę pokoju, a Syn Boży swoją krwią i śmiercią na krzyżu otworzył drogę do naszego zbawienia.

Bóg działa w naszym imieniu, imieniu tych, którzy należeli do szatana, i pragnie odpuścić nam nasze grzechy, jeśli tylko wierzymy w Jezusa Chrystusa. Dzięki Niemu otrzymujemy także życie i ponownie stajemy się dziećmi Bożymi. Dlatego mówimy, że Jezus odkupił nas poprzez śmierć na krzyżu. Biblia z kolei określa Go jako „wszechmogącego Pana, który ich odkupił".

Heretycy zapierają się Jezusa Chrystusa

Dowiedzieliśmy się, że słowo „heretyk" obejmuje swoim znaczeniem tych, *„którzy wprowadzać będą zgubne nauki i zapierać się Pana, który ich odkupił, sprowadzając na się rychłą zgubę"* (2 Piotr. 2,1). Określenie to pierwszy raz zostało użyte po tym, jak Jezus wypełnił swoją misję zbawienia ludzi. Zauważmy, że samo imię Jezus oznacza „(tego który) zbawi lud swój od grzechów jego". Natomiast Chrystus znaczy „namaszczony". Dopiero po wypełnieniu swojej misji, po ukrzyżowaniu i zmartwychwstaniu, Jezus stał się Zbawicielem.

To dlatego określenie 'heretyk' nie pojawia się w Starym Testamencie, ani w żadnej z ewangelii Mateusza, Marka, Łukasza lub Jana, które opisują życie Jezusa. Nawet, faryzeusze, nauczyciele Prawa, oraz oskarżający Jezusa kapłani nie posługiwali się tym określeniem. Do tej grupy także należeli arcykapłani.

Heretycy pojawili się dopiero po zmartwychwstaniu Jezusa Chrystusa. Od tego czasu w Biblii znajdujemy liczne ostrzeżenia przed nimi.

Dlatego jeśli ktoś wierzy w Jezusa Chrystusa jako „Pana, który go odkupił", nie jest heretykiem. Są nimi ci, którzy się Go zapierają.

Apostoł Paweł nie wyparł się Jezusa Chrystusa, który zapłacił za niego swoją cenną krwią. Przeciwnie. Paweł dziękował Jezusowi Chrystusowi i głosił Jego imię gdziekolwiek się znalazł, za co przyszło zapłacić mu wysoką cenę. Pięć razy otrzymywał od Żydów karę 40 batów. Raz został ukamienowany. Był więziony, prześladowany przez pogan i swych własnych rodaków. Został także zdradzony przez tych, którym ufał. Mimo wszystko, Paweł stał się wielkim człowiekiem, ponieważ zniósł cierpienia z radością oraz wdzięcznością. Uzdrawiał wielu ludzi w imię Jezusa Chrystusa, wysławiając Pana aż do chwili swojej męczeńskiej śmierci.

Paweł głosi ewangelię i ukazuje potęgę Bożą

Ci, którzy wypierają się Boga Stwórcy lub Jezusa Chrystusa nie są w stanie posługiwać się mocą Bożą. W Biblii jest wyraźnie napisane: „*Jeden raz przemówił Bóg, A dwa razy to usłyszałem, Że moc należy do Boga*" (Ps. 62,12).

Nie powinniśmy osądzać osoby, poprzez którą demonstruje się moc Boża. Świadczy to, że osobie tej towarzyszy Bóg, a ona sama bardzo go kocha. W Liście do Galacjan 1,6-8 Paweł, którego ogłoszono przywódcą sekty nazarejczyków, ostrzega, abyśmy nie podążali ani nie nauczali ewangelii innej od Chrystusowej:

„Dziwię się, że tak prędko dajecie się odwieść od tego, który was powołał w łasce Chrystusowej do innej ewangelii, chociaż innej nie ma; są tylko pewni ludzie, którzy was niepokoją i chcą przekręcić ewangelię Chrystusową. Ale choćbyśmy nawet my albo anioł z nieba zwiastował wam ewangelię odmienną od tej, którą myśmy wam zwiastowali, niech będzie przeklęty!"

Nawet dziś niektóre osoby uważa się za heretyków, choć nigdy nie wyparły się Jezusa Chrystusa, ale głosiły ewangelię oraz poprzez swoje czyny, dawały świadectwo na istnienie żywego Boga.

Nie osądzajmy pochopnie innych jako heretyków

Ja także cierpiałem z powodu oskarżeń o herezję, kiedy demonstrowałem moc Bożą, a mój kościół wzrastał. Jednak przetrwałem te próby. Prawdę mówiąc, w ciągu ostatnich pięćdziesięciu lat od założenia kościoła w 1982 roku liczba wiernych wzrosła do osiemdziesięciu tysięcy.

Przez siedem lat cierpiałem z powodu wielu chorób, aż

zostałem uzdrowiony dzięki mocy Bożej. Od tego czasu, kiedykolwiek jadłem lub piłem, starałem się żyć na chwałę Pana tak, jak czynił to święty Paweł. Swoje życie złożyłem w rękach Boga i skupiłem się tylko i wyłącznie na Jezusie. Jeszcze jako osoba świecka głosiłem ewangelię oraz swoim uzdrowieniem dawałem świadectwo mocy Boga. Gdy nazwano mnie sługą Bożym, zacząłem wygłaszać nauki krzyża i wysławiałem Boga żywego oraz Zbawiciela, Jezusa Chrystusa. Opowiadałem o świadectwie Boga również podczas ceremonii ślubnych, ponieważ gorąco pragnąłem sprowadzać ludzi na drogę zbawienia.

Zdałem sobie sprawę, że zarówno słowo Boże, jak i wydawanie świadectwa Boga żywego były potrzebne na całym świecie. Zacząłem się więc gorliwie modlić, tak jak niegdyś ojcowie wiary w oczekiwaniu na moc Bożą. Wszelkie próby, na które zostałem wystawiony przeszedłem z wdzięcznością i radością.

Niektóre z nich wydawały się śmiertelne. Jednak tak jak Jezus po śmierci otrzymał łaskę zmartwychwstania, tak i ja z woli Pana, z każdą zwycięską próbą, otrzymywałem coraz większą moc Bożą.

W rezultacie, od 2000 roku dziesiątki tysięcy ludzi na całym świecie, w Kenii, Ugandzie, Hondurasie, Japonii, a nawet w muzułmańskim Pakistanie i hinduistycznej Indii, okazało skruchę za grzechy za każdym razem, gdy udowadniałem, dlaczego Pan jest jedynym, prawdziwym Bogiem, oraz wyjaśniałem, w jaki sposób zostajemy zbawieni dzięki wierze w Jezusa Chrystusa. Niewidomi odzyskiwali wzrok, niemi mowę, głusi słuch, a wiele osób, uważanych za nieuleczalnie chorych na takie choroby jak AIDS, czy różnego rodzaju nowotwory zostało uleczonych. Cuda te wspaniale działały na chwałę Pana. Dlatego, kto w pełni rozumie, czym jest herezja, nie ocenia innych pochopnie jako heretyków. W Dziejach Apostolskich 5,33-42 poznajemy historię Gamaliela, nauczyciela prawa, poważanego przez lud. Jak się zachował, mając przed sobą oskarżonych o herezję apostołów? Wszystko zaczęło się, kiedy faryzeusze z Sanhedrynu zabronili Piotrowi oraz Janowi rozpowiadać o Jezusie Chrystusie. Jednak przepełnieni Duchem Świętym apostołowie złamali zakaz. Wtedy członkowie rady Sanhedrynu postanowili skazać apostołów na śmierć, jednakże Gamaliel wstał i polecił, aby na chwilę wyproszono apostołów, a następnie rzekł:

> *Mężowie izraelscy, rozważcie dobrze, co z tymi ludźmi chcecie uczynić. Albowiem nie tak dawno wystąpił Teudas, podając siebie za nie byle kogo, do którego przyłączyło się około czterystu mężów; gdy on został zabity, wszyscy, którzy do niego przystali, rozproszyli się i zniknęli. Po nim wystąpił w czasie spisu Juda Galilejczyk i pociągnął lud za sobą; ale i on zginął, a wszyscy, którzy do niego przystali, poszli w rozsypkę. Toteż teraz, co się tyczy tej sprawy, powiadam wam: Odstąpcie od tych ludzi i zaniechajcie ich; jeśli bowiem to postanowienie albo ta sprawa jest z ludzi, wniwecz się obróci; Jeśli jednak jest z Boga, nie zdołacie ich zniszczyć, a przy tym mogłyby się okazać, że walczycie z*

Bogiem (Dz.Ap. 5,35-39).

Czytając powyższy fragment, zapewne zgodzimy się, że dokonane dzieła obróciłyby się w niwecz, gdyby nie byłyby dziełami Bożymi lub nie pochodziłyby od Pana. Jeśli natomiast miały miejsce za sprawą Wszechmogącego, to nic nie będzie w stanie ich zniszczyć, zaś samo podejmowanie takich prób sprowadzi tylko gniew Boży. Czasami ludzie osądzają innych jako heretyków ze względu na różnice w interpretacji Biblii, różnice językowe, lub poglądy na Ducha Świętego, choć wszyscy oni uznają Trójcę Świętą oraz fakt, że Jezus Chrystus przyszedł na świat pod postacią człowieka.

Niektórzy nawet twierdzą, że nie potrzebują darów językowych, ani żadnych wizji, a wszystkie dzieła Ducha Świętego są kłamstwem, ponieważ nigdzie nie ma informacji, że Jezus przemawiał wieloma językami lub miał widzenia. Mimo to, według Biblii wszystkie te dary są dla nas dobre:

> *Wszystkim zaś objawia się Duch dla [wspólnego] dobra. Jednemu dany jest przez Ducha dar mądrości słowa, drugiemu umiejętność poznawania według tego samego Ducha, innemu jeszcze dar wiary w tymże Duchu, innemu łaska uzdrawiania w jednym Duchu, innemu dar czynienia cudów, innemu proroctwo, innemu rozpoznawanie duchów, innemu dar języków i wreszcie innemu łaska tłumaczenia języków. Wszystko zaś sprawia jeden i ten sam Duch, udzielając każdemu tak,*

jak chce (1 Kor 12,7-11).

Dlatego też nie powinniśmy rzucać na kogoś oszczerstw, ani osądzać jako heretyków tych, którzy posiadają inne dary Ducha Świętego od naszych.

Duch prawdy a duch fałszu

Fragment 2,1-3 w 2 Liście Piotra objaśnia, czym jest herezja. Ostrzega także przed fałszywymi prorokami i nauczycielami, którzy głoszą zgubne herezje: *„A wielu pójdzie za ich rozpustą, przez nich zaś droga prawdy będzie obrzucona bluźnierstwami; dla zaspokojenia swej chciwości obłudnymi słowami was sprzedadzą ci, na których wyrok potępienia od dawna jest w mocy, a zguba ich nie śpi"* (2 Piotr. 2,2-3).

Natomiast w 1 Liście Jana 4,1-3 jest napisane: *„Umiłowani, nie dowierzajcie każdemu duchowi, ale badajcie duchy, czy są z Boga, gdyż wielu fałszywych proroków pojawiło się na świecie. Po tym poznajecie Ducha Bożego: każdy duch, który uznaje, że Jezus Chrystus przyszedł w ciele, jest z Boga. Każdy zaś duch, który nie uznaje Jezusa, nie jest z Boga; i to jest duch Antychrysta, który - jak słyszeliście - nadchodzi i już teraz przebywa na świecie".*

Sprawdzajmy każdego Ducha, czy jest z Boga

Istnieją duchy należące do Boga. Są to duchy dobre, które

prowadzą nas ku zbawieniu. Po przeciwnej stronie są duchy złe, które podstępem wiodą nas ku śmierci.

Z jednej strony każdy, kto ma ducha od Boga uznaje, że Jezus Chrystus przyszedł na świat pod postacią człowieka. Taka osoba wierzy w Trójcę Świętą: Boga Ojca, Jezusa Chrystusa oraz Ducha świętego, a tym samym jest dzieckiem Bożym. Potrafi zrozumieć prawdę i z pomocą Ducha Świętego według niej żyć.

Z drugiej strony każdy, kto ma ducha antychrysta, posługuje się słowem Bożym przeciwko Jezusowi Chrystusowi i nie uznaje odkupienia. Musimy być ostrożni, aby rozpoznać ducha antychrysta, ponieważ często przebywa on pośród wierzących, sprytnie manipulując słowem Bożym.

W każdym razie, zaprzeczanie bóstwu Jezusa Chrystusa jest równoznaczne z przeciwstawianiem się Bogu, który zesłał Go na Ziemię.

Biblia niejednokrotnie ostrzega nas przed antychrystem. W 2 Liście Jana 1,7-8 napisano:

> *Wielu bowiem pojawiło się na świecie zwodzicieli, którzy nie uznają, że Jezus Chrystus przyszedł w ciele ludzkim. Taki jest zwodzicielem i Antychrystem. Uważajcie na siebie, abyście nie utracili tego, coście zdobyli pracą, lecz żebyście otrzymali pełną zapłatę.*

W 1 Liście Jana 2,19 znajdujemy kolejne ostrzeżenie:

> *Wyszli oni z nas, lecz nie byli z nas; bo gdyby byli naszego ducha, pozostaliby z nami; a to stało się po to,*

aby wyszło na jaw, że nie wszyscy są naszego ducha.

Rozróżniamy dwa rodzaje antychrystów: osoby, które posiadł duch antychrysta, oraz osoby, które zostały przez tego ducha zwiedzione. Niezależnie od rodzaju starają się zwieść każdą osobę, w której jest Duch Święty. Oszukują ludzi, posługując się logiką i namawiają do przeciwstawienia się Bogu. Osobę, której myślami zawładnął duch antychrysta nazywa się „opętaną". Jeśli w pastora wstąpiłby duch antychrysta, zwodzeni członkowie kościoła niechybnie zaczęliby zmierzać ku śmierci i potępieniu.

Dlatego, abyśmy nie zostali zwiedzeni przez ducha antychrysta, musimy posiadać dogłębną wiedzę na temat ducha prawdy i ducha fałszu. Wtedy będziemy mogli żyć w prawdzie i światłości.

Jak odróżnić ducha prawdy od ducha fałszu

W 1 Liście Jana 4,5-6 napisano *„Oni są ze świata; dlatego mówią, jak świat mówi, i świat ich słucha. My jesteśmy z Boga; kto zna Boga, słucha nas, kto nie jest z Boga, nie słucha nas. Po tym poznajemy ducha prawdy i ducha fałszu".*
Mianem fałszu określamy twierdzenie, które jest nieprawdziwe. Duch fałszu jest duchem ze świata, który zwodzi nas, abyśmy brali to, co nieprawdziwe za prawdziwe, oraz skłania nas do przekraczania granic wiary. Inaczej mówiąc duch z Boga słucha słowa prawdziwego, a duch z Ziemi słucha tego co przyziemne i co prawdą nie jest. Jeśli znamy prawdę, bardzo

łatwo rozpoznamy obydwa duchy. Wtedy możemy powiedzieć: „ta osoba żyje w prawdzie, a ta w ciemności".

Na przykład dziełem ducha fałszu jest to, kiedy ktoś w niedzielę mówi: „Chodźmy po południu na piknik. Pójdziemy na mszę rano, przecież to wystarczy, prawda?", lub w inny sposób stara się zniszczyć królestwo Boże, oszukując siebie i innych, a przy tym twierdząc, że wierzy w Boga.

Gdy posiadamy Ducha prawdy, który jest z Boga, z łatwością dostrzegamy wiele ofiarowanych nam przez Boga rzeczy (1 Kor. 2,12). To dlatego Duch Święty mieszka w nas – dzieciach Bożych. On jest Duchem prawdy i prowadzi nas do tego co prawdziwe. Nie mówi nic od siebie, ale mówi to, co słyszy i powie, co ma nadejść.

Dlatego w Ewangelii Jana 14,17 Jezus mówi: *„Ducha prawdy, którego świat przyjąć nie może, bo go nie widzi i nie zna; wy go znacie, bo przebywa wśród was i w was będzie"* oraz w Księdze Jana 15:26: *„Gdy przyjdzie Pocieszyciel, którego Ja wam poślę od Ojca, Duch Prawdy, który od Ojca wychodzi, złoży świadectwo o mnie"*.

Z kolei w 1 Liście do Koryntian 2,10 jest napisane: *„Albowiem nam objawił to Bóg przez Ducha; gdyż Duch bada wszystko, nawet głębokości Boże"*. Oznacza to, że Duch Święty jest tym, który zna i rozumie myśli Boga.

W rezultacie, osoby, które otrzymały Ducha Prawdy, słuchają słów prawdy i według nich postępują, a im dalej rozciąga się królestwo Boże oraz Jego prawość, tym bardziej się radują. Ludzie ci żyją pełnią życia w oczekiwaniu na królestwo niebieskie.

Są i tacy, którzy bez większej radości chodzą do kościoła, ponieważ nie posiadają wiary pochodzącej od Boga. Nadal należą do tego świata i przywiązani są do tego co przyziemne, jak pieniądze, czy rozrywka. Przez to nie są w stanie żyć w prawdzie, wyczekiwać na królestwo niebieskie, czy też kochać Boga całym sercem.

Ostatecznie ludzie, w których zadamawia się duch fałszu opuszczają Boga i pozbawieni Ducha Prawdy, przywiązują się do tego, co przyziemne. Jeśli ktoś zniesławia lub plotkuje o swoich braciach i siostrach w wierze, lub z zazdrości niszczy ich wiarę w królestwo niebieskie i jego prawość, działa w duchu fałszu.

Niech nikt was nie zwiedzie

1 List Jana 3,7 zawiera następujące ostrzeżenie: *„Dzieci, niech was nikt nie zwodzi; kto postępuje sprawiedliwie, sprawiedliwy jest, jak On jest sprawiedliwy"*. Oznacza ono, że nie powinniśmy odwracać się od Pisma Świętego, aby nie zostać zwiedzionymi przez fałszywą wiedzę. Wyłącznie Pismo Święte zawiera prawdziwe nauki i jedynie przez nie dostąpimy całkowitego zbawienia, będziemy cieszyć się dostatkiem na Ziemi oraz życiem wiecznym w królestwie niebieskim.

Jednakże szatan nieustannie podejmuje próby powstrzymania dzieci Bożych od prowadzenia życia według Słowa Bożego. Stara się, abyśmy szli na kompromis ze światem, odwrócili się od Boga, wątpili w Niego i sprzeciwiali się. W 1 Liście Piotra 5,8 napisano: *„Bądźcie trzeźwi, czuwajcie! Przeciwnik wasz, diabeł, chodzi wokoło jak lew ryczący,* *szukając kogo by pochłonąć".*

Zatem w jaki sposób szatan zwodzi dzieci Boże? Jego działania możemy przyrównać do kobiety, którą pragnie uwieść mężczyzna. Jeśli kobieta zachowuje się z wdziękiem i godnością, mężczyzna nawet nie ośmieli się jej uwieść. W przeciwnym razie kobieta bardzo szybko ulegnie każdemu mężczyźnie, który będzie ją kusił. Tak samo szatan kusi tych, którzy chwiejni są w swojej wierze i powątpiewają w Boga. Diabeł namawia do odwrócenia się od Boga i sprzeciwienia się mu, prowadząc wprost ku śmierci. Ewa również dała się skusić, ponieważ dała się przechytrzyć wężowi, który przekręcił Słowo Boże.

Możemy zostać poddani próbom nawet, jeśli jesteśmy bez winy, ponieważ Bóg pragnie błogosławić nam tak, jak błogosławił Danielowi wystawiając go na próbę, gdy ten został rzucony lwom, czy też Abrahamowi, któremu nakazał złożyć ofiarę w postaci swojego syna, wystawiając na próbę jego posłuszeństwo.

Gdy zdarzy się, że zaczniemy napotykać trudności lub zostaniemy poddani ciężkim próbom ze względu na naszą słabą wiarę, powinniśmy natychmiast odwrócić się od grzechów, okazać skruchę, oraz posiłkując się Słowem Bożym wyzbyć się wszelkich pokus, tym samym umacniając się w prawdzie.

Umacniaj się w prawdzie i nie pozwól się zwieść

W 1 Liście do Tymoteusza 4,1-2 napisano: *„A Duch wyraźnie mówi, że w późniejszych czasach odstąpią niektórzy od wiary i przystaną do duchów zwodniczych i będą słuchać* *nauk szatańskich, uwiedzeni obłudą kłamców, naznaczonych w sumieniu piętnem występku".*

Fragment ten odnosi się do przyszłości, kiedy część wiernych, dając się zwieść duchom wiodącym ich na pokuszenie, odwróci się od wiary.

Ludzie, którzy posiedli ducha fałszu, mimo że mogą sprawiać wrażenie wiernych lub prawych, są dwulicowi. Modlą się na pokaz i udają wierzących dla pieniędzy, a nie z wdzięczności za łaskę Bożą. Ostatecznie porzucają swoją wiarę i trafiają na drogę śmierci, ponieważ w ich świadomości wryły się i pozostawiły swój ślad kłamstwa oraz życie pozbawione prawdy, w którym dominowały przyziemne rozrywki.

Bóg w Biblii wyraźnie ostrzega nas przed fałszem. W Ewangelii Mateusza 7,15-16 Jezus mówi: *„Strzeżcie się fałszywych proroków, którzy przychodzą do was w odzieniu owczym, wewnątrz zaś są wilkami drapieżnymi! Po ich owocach poznacie ich. Czyż zbierają winogrona z cierni albo z ostu figi?"*

Czyny i słowa często są odzwierciedleniem myśli i pragnień. To miał na myśli Jezus, mówiąc, że po owocach poznacie ich. Jeśli ktoś zamiast owocu prawdy, dobroci i prawości wydaje owoc zła, na przykład nienawiść, lub zazdrość, jest fałszywym prorokiem.

Wielu fałszywych proroków-antychrystów żyje na naszym świecie. Dlatego dzieci Boże powinny mieć solidną wiedzę na temat herezji, aby móc odróżnić ducha prawdy od ducha fałszu.

Zło i szatan nigdy nie przepuszczą okazji, aby zwieść dzieci Boże i sprowadzić je na drogę grzechu za każdym razem, gdy tylko oddalą się od prawdy. Jeśli cechuje nas mocna wiara, według której żyjemy, nigdy nie zostaniemy oszukani przez ducha fałsz przeciwstawimy siu, lecz przeciwstawiamy się mu z łatwością, nawet jeśli podejdzie do nas bardzo blisko.

Nie powinniśmy uznawać, ani być wiernym jakimkolwiek naukom, które są wbrew prawdzie. Powinniśmy słuchać Słowa Bożego i żyć według Ducha Świętego, abyśmy czyści od grzechu byli gotowi na ponowne przyjście Pana naszego, Jezusa Chrystusa.

Zadziwiające jest, jak wiele sekt powstaje w dzisiejszych czasach. Jedne nie uznają Jezusa Chrystusa, niewłaściwie interpretując Słowo Boże, inne z kolei odrzucają istnienie królestwa niebieskiego. Są też przywódcy religijni, którzy uważają się za Jezusa Chrystusa we własnej osobie, a odrzucają nauki krzyża, Trójcę Świętą i dzieła Ducha Świętego. Niestety na naszej ziemi żyje obecnie i działa wielu fałszywych proroków.

W Ewangelii Mateusza 12,35-37 Jezus mówi: *„Dobry człowiek wydobywa z dobrego skarbca dobre rzeczy, a zły człowiek wydobywa ze złego skarbca złe rzeczy. A powiadam wam, że z każdego nieużytecznego słowa, które ludzie wyrzekną, zdadzą sprawę w dzień sądu. Albowiem na podstawie słów twoich będziesz usprawiedliwiony i na podstawie słów twoich będziesz potępiony"*.

Każdy człowiek, który posiada dobre serce, nie będzie wyrządzał zła innym ludziom, bez względu na to, czy pragnie dla siebie osiągnąć jak największe korzyści.

Jednakże człowiek zły nie cieszy prawdą. Powodowany zazdrością i zawiścią, sprowadza zło na wszystkich, których napotka na swej drodze. Nawet jeśli jego słowa wydają się słuszne, nie powiemy, że jest dobry, jeśli źle mówi o innych lub stara się zrazić jednego człowieka do drugiego.

Dlatego módlmy się i zachowajmy czujność, abyśmy nigdy nie zostali zwiedzeni na pokuszenie. Musimy nabyć umiejętność odróżniania ducha prawdy. Nigdy nie oceniajmy innych pochopnie. Trwajmy mocno w wierze w Trójcę Świętą: Boga Ojca i Syna, i Ducha Świętego. Ufajmy Biblii, bądźmy posłuszni jej słowu i przestrzegajmy go.

„Przyjdź, Panie Jezu!"

O autorze:
Dr. Jaerock Lee

Dr Jaerock Lee urodził się w 1943 roku w Korei, w prowincji Jeonnam w mieście Muan. W wieku dwudziestu lat dowiedział się, że jest nieuleczalnie chory i odtąd przez siedem lat oczekiwał śmierci bez żadnej nadziei na wyzdrowienie. Jednak wiosną 1974 roku siostra zaprowadziła go do kościoła. Kiedy ukląkł do modlitwy, Bóg uzdrowił go ze wszystkich dolegliwości.

Od momentu spotkania z Bogiem dr Lee pokochał Go ze szczerego serca, aby w 1978 roku stać się Jego sługą. Posłuszny Słowu Bożemu modlił się żarliwie, aby zrozumieć i móc spełniać wolę Boga. W 1982 roku w założonym przez niego kościele Manmin w Seulu w Południowej Korei miały miejsce niezliczone dzieła Boże, w tym uzdrowienia i cuda.

W 1986 roku podczas dorocznego zgromadzenia Kościoła „Jesus' Sungkyul Church" dr Lee został wyświęcony na pastora. Cztery lata później w 1990 roku stacje Far East Broadcasting Company, Asia Broadcast Station oraz Washington Christian Radio System transmitowały jego kazania do Australii, Stanów Zjednoczonych, Rosji oraz na Filipiny.

Trzy lata później w 1993 roku amerykański magazyn Christian World zaliczył kościół Manmin Central Church do światowej czołówki 50 najlepszych kościołów na świecie, natomiast pastor Jaerock Lee otrzymał od amerykańskiej uczelni na Florydzie Christian Faith College tytuł honoris causa teologii (Honorary Doctorate of Divinity) oraz w 1996 roku doktorat z kapłaństwa od seminarium duchownego Kingsway Theological Seminary,

Iowa, USA.

W 2002 roku Dr Lee został nazwany przez główne koreańskie gazety chrześcijańskie „pastorem ogólnoświatowym" za udział w odbywających się od 1993 roku misjach zagranicznych do Tanzanii, Argentyny, Ugandy, Japonii, Pakistanu, Kenii, Filipin, Hondurasu, Indii, Rosji, Niemczech, Peru, Demokratycznej Republiki Kongo oraz Nowego Jorku w Stanach Zjednoczonych.

Od Lipcu 2012 roku kościół Manmin Central Church liczy ponad 120 000 członków, posiada 10 000 krajowych i zagranicznych filii na całym świecie, i jak dotąd wysłał 129 misjonarzy do 25 krajów wliczając w to Stany Zjednoczone, Rosję, Niemcy, Kanadę, Japonię, Chiny, Francję, Indie, Kenię i inne kraje.

Do dnia dzisiejszego dr Lee napisał 64 książek, które zostały przełożone na ponad 74 języki, w tym bestsellery *Przesłanie Krzyża, Miara Wiary, Życie Wieczne przed Śmiercią, Moje Życie Moja Wiara I & II, Niebo I & II, Piekło, Moc Boża,* oraz *Wzbudzony Izrael*.

Obecnie dr Lee jest założycielem oraz przewodniczącym wielu organizacji i towarzystw misyjnych, w tym prezesem The United Holiness Church of Jesus Christ oraz Manmin World Mission jak i założycielem oraz prezesem zarządu Manmin International Seminary (MIS), Global Christian Network (GCN) i The World Christian Doctors Network (WCDN).

Inne książki tego samego autora

Niebo I & II

To szczegółowy opis całego, składającego się z pięciu poziomów królestwa niebieskiego, będącego przepięknym miejscem, w jakim przebywają otoczeni chwałą Bożą mieszkańcy niebios.

Moje Życie, Moja Wiara I & II

Cudowny aromat duchowy życia, które rozkwitło pod wpływem niewyobrażalnej miłości Bożej, pomimo ciemnych fal, ciężkiego jarzma oraz najgłębszej rozpaczy.

Życie Wieczne przed Śmiercią

Książka jest zbiorem przemyśleń i wspomnień pastora dra Jaerock Lee, który został zbawiony od śmierci i prowadził godne naśladowania życie chrześcijanina.

Miara Wiary

Jaka nagroda, korona i miejsce czekają na nas w niebie? Książka stanowi zbiór mądrości o tym, w jaki sposób nasza wiara zostanie oceniona oraz co możemy zrobić, aby ją rozwijać i doskonalić.

Piekło

Książka traktuje o przesłaniu Boga do całej ludzkości, który gorąco pragnie, aby żadna z dusz nie trafiła w otchłań piekielną! Przedstawia znaną tylko nielicznym okrutną rzeczywistość Hadesu i piekła.

www.urimbooks.com

www.ingramcontent.com/pod-product-compliance
Lightning Source LLC
LaVergne TN
LVHW010313070526
838199LV00065B/5542